O TEMPO DE
Deus

Aldo Colombo

O tempo de

Uma reflexão
para cada dia do ano

Paulinas

Dados Internacionais de Catalogação na Publicação (CIP)
(Câmara Brasileira do Livro, SP, Brasil)

Colombo, Aldo
  O tempo de Deus : uma reflexão para cada dia do ano / Frei Aldo
Colombo. – São Paulo : Paulinas, 2013.

  ISBN 978-85-356-3552-2

  1. Calendários devocionais 2. Conduta de vida 3. Presença de Deus
4. Tempo - Aspectos religiosos 5. Vida cristã I. Título.

13-05499   CDD-231.7

Índice para catálogo sistemático:
1. Tempo de Deus : Aspectos religiosos : Cristianismo   231.7

Direção-geral:	*Bernadete Boff*
Editora responsável:	*Andréia Schweitzer*
Copidesque:	*Ana Cecilia Mari*
Coordenação de revisão:	*Marina Mendonça*
Revisão:	*Ruth Mitzuie Kluska*
Gerente de produção:	*Felício Calegaro Neto*
Projeto gráfico:	*Manuel Rebelato Miramontes*

1ª edição –2013
5ª reimpressão – 2023

*Nenhuma parte desta obra poderá ser reproduzida ou transmitida por qualquer forma e/
ou quaisquer meios (eletrônico ou mecânico, incluindo fotocópia e gravação) ou arquivada
em qualquer sistema ou banco de dados sem permissão escrita da Editora. Direitos reservados.*

Paulinas
Rua Dona Inácia Uchoa, 62
04110-020 – São Paulo – SP (Brasil)
Tel.: (11) 2125-3500
http://www.paulinas.com.br – editora@paulinas.com.br
Telemarketing e SAC: 0800-7010081
© Pia Sociedade Filhas de São Paulo – São Paulo, 2013

*O tempo é o espaço
do Amor de Deus*

Introdução

"O Reino é como um pai de família
que tira do seu baú coisas novas e velhas"
(Mt 13,52).

Todos nós sabemos o que é o tempo, desde que não nos interroguem sobre o assunto. Este é o ponto de vista do genial Santo Agostinho. O tempo é um dom de Deus para nosso amadurecimento. Tanto é verdade que o chamamos de tempo presente. Presente de Deus. Os gregos distinguiam entre o tempo comum e o *kairós*, isto é, tempo de Deus. Os romanos veneravam uma divindade protetora do tempo chamada Occasio, isto é, a ocasião oportuna, o tempo certo. É com o tempo que construímos a eternidade. Cuidar do tempo é obrigação de quem sabe que ele é breve.

Este livro pretende ser uma recordação diária dos valores da fé, pretende ser uma ajuda no sentido de rezar o nosso cotidiano, unindo fé e vida. São Bento recomendava a seus monges: *ora et labora*, isto é, reza e trabalha. Já o Evangelho pede que oremos sem cessar.

Escrita com simplicidade, cada página desta obra se inicia com um texto da Sagrada Escritura, seguido de uma reflexão e, por fim, de uma frase consagrada, sempre carregada de valores evangélicos.

1º de janeiro

"Esqueço o que ficou para trás
e avanço para o que está adiante"
(Fl 3,13).

O tempo é o espaço do amor de Deus. É um maravilhoso presente que Deus nos dá para que possamos amadurecer. Por isso, devemos cuidar desse presente com carinho. Um dia que se perde é para sempre, e não sabemos quantos dias teremos pela frente. O passado não nos pertence mais, e o futuro ainda é uma interrogação. Temos apenas o presente. Na realidade um presente de Deus.

Assim, viver intensamente cada instante é a melhor maneira de preparar o grande Dia do Senhor, o verdadeiro Natal, o último e definitivo nascimento. O tempo mais bem empregado é o que gastamos com os outros.

Apesar da pressa e dos afazeres, temos tempo de sobra. É inteligente cuidar de cada minuto. Não podemos desperdiçar as sobras, isto é, os momentos entre um ato e outro. Mesmo porque os momentos perdidos não poderão ser recuperados.

Para meditar:
"O futuro é feito
com o mesmo tecido do presente"
(Simone Weil).

2 de janeiro

> "Quanto a nós, amemos
> porque ele nos amou primeiro"
> (1Jo 4,19).

A cada início de ano multiplicam-se os videntes. Eles garantem saber o que vai acontecer ao longo dos doze meses. Apostando nas probabilidades, falam de crises, mortes, desastres naturais... Isto não passa de palpite. Porém, há duas previsões absolutas. A primeira delas é que Deus vai continuar amando cada um de nós. Ele nos ama desde sempre e seu amor é para sempre. Não nos ama porque merecemos, mas porque precisamos. A segunda previsão é que a graça de Deus não nos faltará nesse novo ano. Por maiores que sejam os problemas e as tribulações, a graça divina estará conosco. Apesar de Deus nem sempre afastar a cruz, ele sempre nos dá ombros fortes para carregá-la. Seria falta de inteligência arrastar a cruz; carregando-a aos ombros, com determinação, ela se torna mais leve.

Para meditar:
"Tudo vale a pena,
quando a alma não é pequena"
(Fernando Pessoa).

3 de janeiro

"Para todas as coisas
há um tempo certo debaixo dos céus"
(Ecl 3,1).

Todos nós sabemos o que é o tempo, mas temos dificuldades em explicá-lo. Para entendê-lo melhor, nós o fatiamos em séculos, anos, meses, dias, horas, minutos e segundos. Os gregos – o povo mais sábio da antiguidade – usavam dois termos para designar o tempo: *cronos* e *kairós*. *Cronos* refere-se ao tempo comum, cronológico. Já *kairós* refere-se ao tempo de Deus, à passagem de Deus pela nossa vida. Os romanos, menos sábios e mais práticos, tinham uma divindade que representava o tempo e que se chamava Occasio, isto, é a ocasião oportuna, o tempo certo. Nem antes, nem depois. E o tempo certo é agora. O tempo de Deus é hoje. Por isso, quando algo é importante para nós, devemos procurar realizá-lo hoje.

Para meditar:
"Hoje é o primeiro dia do resto da sua vida"
(sabedoria popular).

4 de janeiro

"Põe tua confiança no Senhor
e ele cuidará de ti!"
(Sl 37,34).

Um lavrador começou, bem cedo, a tarefa de lavrar a terra para o plantio. Ao lado, um vizinho fazia a mesma coisa, mas com um trator. "Este é feliz", pensou o primeiro. "Não se cansa e produz muito mais". Mas o tratorista viu um automóvel rodando na estrada e pensou: "Este é feliz... Não gasta suas forças, viaja rápido, e deve ter um bom salário". O motorista do automóvel, vendo um avião lá no alto, comentou: "Este é feliz... Não precisa se preocupar com o trânsito, num instante está em outro país...". Foi, então, a vez de o aviador olhar para baixo e, ao ver o lavrador, comentar: "Este aí embaixo é feliz... Faz o que gosta, trabalha quando quer e vive perto da família".

Ser feliz é o desejo de todos. Porém, muitas vezes, surge um equívoco: a felicidade está onde a colocamos, e nunca a colocamos onde estamos. Ser feliz é compromisso pessoal e vontade de Deus.

Para meditar:
"A felicidade é como a neblina:
quando estamos nela, não a vemos"
(Amado Nervo).

5 de janeiro

"Hoje a salvação entrou nesta casa!"
(Lc 19,9).

Tudo que não recomeça, que não se renova, acaba morrendo. A vida é um eterno recomeçar. Depois do inverno, vem a primavera, depois da noite, o dia, depois da semeadura, a colheita. Tudo precisa ir se renovando em nossa vida, só que a rotina muitas vezes vai empobrecendo nossos atos. A Bíblia nos exorta a cantarmos um canto novo. Não se trata de criar uma nova composição, mas de mudar o dinamismo interno, dando novo vigor. Cada sorriso, cada bom-dia, cada obrigado, devem ser novos.

Da mesma forma, as grandes opções de nossa vida precisam ser renovadas. O batismo, os compromissos matrimoniais, a missão precisam ser renovados. Pois, com isso, voltam a brilhar. É verdade que a primeira vez a gente não esquece. No entanto, esta primeira vez pode ser renovada.

Para meditar:
"O que torna belo o deserto
é que ele esconde um poço em algum lugar"
(Saint-Exupéry).

6 de janeiro

> "Vimos sua estrela e viemos adorá-lo"
> (Mt 2,3).

O evangelista Mateus fala dos misteriosos três reis magos que vieram do Oriente para adorar Jesus recém-nascido. O romancista Henry Van Dyke conta a história do quarto rei mago. Ele se chamava Artaban e também viu a estrela. Partiu para Belém, mas deteve-se ao longo do caminho, socorrendo pessoas necessitadas, e com elas gastou o tempo e perdeu sua fortuna. Chegou a Jerusalém trinta anos mais tarde. Ali foi informado de que o rei que ele procurava tinha acabado de morrer na cruz. Decepcionado, preparou-se para retornar à sua terra, lamentando-se. Então, o próprio Jesus, vencedor da morte, apareceu-lhe e disse: "Você não chegou tarde... Você me encontrou antes dos outros, no momento em que me socorreu na pessoa dos pobres".

O amor é o centro da religião de Jesus. Ele mesmo garantiu que no amor está a plenitude da lei.

Para meditar:
"Nunca é pouco o que se faz por amor"
(Chiara Lubich).

7 de janeiro

> "Não faço o bem que eu quero,
> mas faço o mal que não quero"
> (Rm 7,19).

Todos nós estamos sujeitos a erros. E iremos cometê-los até o fim da nossa vida. O importante é, depois do erro cometido, recomeçar com firmeza e de forma diferente. Isto supõe fazer as coisas de maneira mais inteligente, pois esse tipo de acontecimento deve nos ensinar como não se deve fazer algo.

Thomas Edison fez cerca de 10 mil experiências antes de inventar a lâmpada elétrica. Questionado sobre se teve a tentação de desistir, depois de tantos fracassos, ele garantiu: "Eu não fracassei nenhuma vez, pois cada tentativa me ensinava como não devia fazer".

O erro inútil é aquele que não nos ensina nada. Como não temos a possibilidade de cometer todos os tipos de erros, é inteligente aprender também com os dos outros e, além disso, seguir seus conselhos. Mas o pior erro mesmo é desistir.

Para meditar:
"A experiência é a melhor escola,
só que as mensalidades são caras"
(Thomas Carlyle).

8 de janeiro

"Achegai-vos a ele, pedra viva
rejeitada pelos homens,
mas diante de Deus eleita e preciosa"
(1Pd 2,4).

Uma professora deu a um aluno uma tarefa para ser feita em casa. Entregou-lhe uma folha de papel e pediu que escrevesse, num dos lados, tudo que sabia sobre Deus. No outro lado, deveria escrever tudo sobre o diabo. Dias depois, ele apresentou o trabalho. Naturalmente, dizia maravilhas sobre Deus. Falava da beleza das coisas criadas, de sua bondade, de seu cuidado pelas criaturas, especialmente do homem e da mulher. Falava ainda da dimensão do perdão e da vida futura. Deus é força, alegria, luz, paz.

O aluno encheu um lado da folha e continuou, no verso, falando de Deus. Quando iniciou a segunda parte do tema, havia restado só um cantinho do papel, e ele escreveu: "não sobrou lugar para o diabo". O diabo não é rival de Deus, ele é um perdedor. A religião cristã não é a religião do medo do diabo, mas do amor de Deus e do amor a Deus.

Para meditar:
"A medida do amor é amar sem medida"
(Santo Agostinho).

9 de janeiro

"Saudai a Igreja que se reúne em sua casa"
(Rm 16,5).

Os primeiros cristãos celebravam a Eucaristia em suas casas. Quando o grupo ficou muito grande, resolveram construir uma casa ampla onde pudessem se reunir. A verdadeira Igreja é a reunião dos batizados. São as pedras vivas, no dizer de São Pedro. O templo é um espaço sagrado, mas a comunidade cristã é muito mais sagrada.

Celebrar a Eucaristia nas casas lembrava que a vida cristã não estava reservada aos grandes momentos, mas se dá no dia a dia. É através das frestas do cotidiano que vemos a Deus. O domingo é importante, mas a semana também o é. Devemos, então, fazer acontecer durante a semana aquilo que celebramos no domingo. Trata-se de unir fé e vida. A oração da manhã deve estar voltada para a prática diária.

Para meditar:
"A fé constrói uma ponte
deste mundo ao outro"
(Carl Jung).

10 de janeiro

"Esforçai-vos para entrar pela porta estreita"
(Lc 13,24).

São muitos os que se salvam? Esta pergunta foi feita ao próprio Jesus e continua questionando o homem de hoje. Quando se fala em caminho estreito, muitos imaginam que são poucas as pessoas que se salvam. Se assim acontecesse, a Redenção teria sido um fracasso. A porta estreita mostra a impossibilidade de alguém se salvar pelas próprias virtudes. É Deus quem nos salva, mas ele espera nosso consentimento. A porta é estreita, mas dá passagem. Através da disponibilidade, da coerência e do perdão, podemos transitar por ela. Não andamos apenas no caminho das coisas triunfais, mas principalmente das pequenas ações cotidianas. Ninguém precisa fazer coisas extraordinárias, mas todos devemos fazer bem as coisas simples. A fidelidade não é um fato isolado, mas o caminho de todos os dias.

Para meditar:
"Não se ganha uma corrida na primeira curva,
mas ali se pode perdê-la"
(Juan Manuel Fangio).

11 de janeiro

"Quem crê em mim,
ainda que esteja morto viverá"
(Jo 20,22).

Nunca agradeceremos suficientemente o dom da fé. Necessária em todas as etapas da vida, a fé é de importância decisiva nos momentos de perda e de luto. É ela que nos diz que a morte não é a última palavra. A vida continua depois da morte, a última palavra será da vida, que Jesus nos doou pela sua ressurreição.

Depois da morte, haverá um Pai de braços abertos para nos acolher. Mas é importante que sejamos conhecidos pelo Pai já nesta vida. A morte tornará definitivo aquilo que fomos em vida. Mais ainda: aquilo que tentamos ser em vida, pois o Pai aceita nossa boa vontade. A fé nos diz que a morte não é mais morte, que as trevas não são mais trevas. A morte é a passagem para a luz. Em quem Deus Pai encontrar traços de seu Filho, este será salvo.

Para meditar:
"Temam menos a morte
e mais a vida insuficiente"
(Bertold Brecht).

12 de janeiro

"Quem é maior no Reino dos Céus?"
(Mt 18,1).

No tempo de Jesus, só os homens eram contados. Na multiplicação dos pães eram cinco mil homens, sem contar as mulheres e crianças. Crianças e mulheres nem entravam na contabilidade. E Jesus surpreende a todos quando afirma que delas, as crianças, é o Reino dos Céus e, também, daqueles que se parecem com elas. A simplicidade e a confiança caracterizam a criança. Ela sempre acredita no pai. Na dimensão da fé, criança é todo aquele ou aquela que, independentemente da idade, sabe chamar a Deus de Pai.

Santa Teresinha do Menino Jesus, que morreu aos 24 anos, deixou o maravilhoso caminho da infância espiritual. É o caminho da simplicidade, da confiança. Francisco de Assis jamais deixou de ser criança. Em sua oração, durante horas, apenas repetia: "Meu Deus e meu tudo!".

Para meditar:
"Duvidar que Deus possa
perdoar seus pecados,
já é outro pecado.
É duvidar da misericórdia divina"
(Taylor Caldwell).

13 de janeiro

"Completo em minha carne
o que falta à Redenção de Cristo"
(Cl 1,24).

O sofrimento é companheiro inseparável da vida de cada um. É improvável termos um dia sem nenhum sofrimento: doença, fracasso, decepção, até a própria fraqueza moral. O importante é descobrir a melhor maneira de passar pelo sofrimento.

Deus quer que seus filhos e filhas sejam felizes, mas não impede a dor. Existem duas maneiras de passar pelo sofrimento. A primeira delas é a revolta. Além da dor, acrescentamos outro sofrimento, arrastando a cruz. A outra é carregar a cruz cantando. Esta cruz se torna, assim, amadurecimento e redenção. Deus quer que seus filhos e filhas sejam felizes. Podemos e devemos ser felizes mesmo nas maiores provações. Esta alegria vem da certeza de que somos amados por Deus e que ele nunca nos abandonará.

Para meditar:
"O homem é um aprendiz;
a dor é o seu mestre"
(Alfred de Musset).

14 de janeiro

"Saúdem todos os cristãos,
os irmãos que estão comigo saúdam vocês"
(Fl 4,21).

Um dos diretores de uma empresa, no fim do expediente, resolveu fazer uma vistoria em suas câmaras frias. Um defeito qualquer fez com que a porta se trancasse e ele, em algumas horas, iria morrer congelado. Passou-se algum tempo e a porta se abriu por ação do vigilante. Aliviado, o patrão quis saber como ele havia percebido o problema, uma vez que esta não era uma das suas atribuições. O guarda explicou: "O senhor todos os dias me desejava bom-dia e se despedia com boa-noite. O fato de não ter recebido sua saudação, no final do expediente, me deixou preocupado e fui investigar". Sorte ou azar, cada um de nós escolhe seu destino. Ser fiel nos grandes momentos é importante, mas a fidelidade do dia a dia é necessária. A semente, uma vez semeada, sempre tentará germinar.

Para meditar:
"Podemos escolher as sementes
que semeamos,
mas os frutos são obrigatórios"
(sabedoria popular).

15 de janeiro

> "O olho é a janela da alma.
> Se teu olho for limpo, tudo será limpo"
> (Mt 6,22).

Um velho caminhão se arrastava pelas ruas na madrugada. Sua tarefa: recolher o lixo. Trata-se de um serviço muito importante. No dia a dia, as profissões são avaliadas pelo rendimento econômico ou pela importância social. O que dá dignidade a todas as profissões é o tipo de trabalho. E quanto mais escondido for esse trabalho, mais merece louvor. Uma greve dos coletores de lixo, por exemplo, dá a medida exata do seu valor e o pouco interesse de muitos com a limpeza. Evitar sujar a rua é um gesto de amor. Gesto de amor é também limpá-la.

Por outro lado, não podemos assumir o papel de "lixeiros" morais, ficando atentos apenas às coisas negativas e, mais ainda, tendo prazer em divulgá-las. Quem erra comete um erro, mas aquele que divulga o fato multiplica esse erro.

> *Para meditar:*
> "Se todos limpassem seu pátio,
> o mundo ficaria limpo"
> (sabedoria popular).

16 de janeiro

"Quem é fiel nas pequenas coisas
será fiel também nas grandes"
(Lc 16,10).

As coisas extraordinárias e os momentos especiais acontecem poucas vezes no decorrer da nossa vida. O tecido da vida é formado por pequenas coisas, por acontecimentos rotineiros que determinam o sentido e a qualidade da caminhada. Isto vale também para nossa religiosidade. Não podemos reservá-la para o domingo ou para momentos especiais. Deus se revela também no cotidiano. São os pequenos gestos, feitos com ternura, que qualificam uma vida. O exemplo mais luminoso é o de Maria, a mãe de Jesus. Ela não fez nada de extraordinário, mas viveu de maneira extraordinária os pequenos gestos de cada dia. Ela fez de seu lar o grande santuário. Mais do que fazer, deixou que Deus fizesse por ela grandes coisas.

Para meditar:
"Quem se descuida da verdade
em coisas pequenas
não é confiável nas grandes"
(Albert Einstein).

17 de janeiro

> "Com a mesma medida que medirdes
> sereis medidos"
> (Mt 7,2).

Para os gregos, o povo mais sábio da antiguidade, o supremo prazer de uma pessoa era a vingança. Humilhar, vencer, derrotar o inimigo era o prazer mais doce que qualquer mortal poderia experimentar. Esta é também a mentalidade do Antigo Testamento. Lamec, um descendente de Caim, pretendia vingar-se setenta vezes sete. Os ensinamentos de Jesus não seguem por esse caminho. Ao contrário, ele ensina que o supremo gesto de vingança é o perdão, e perdoar não uma, mas setenta vezes sete vezes. Impressiona o número de vezes que o Evangelho volta ao tema. Perdoar é a única maneira de zerar o mal. Só com o bem podemos vencer o mal. Perdoar é um ato de inteligência, pois a falta de perdão arruína a vida, enquanto o gesto de perdoar traz uma recompensa imediata: a paz.

> *Para meditar:*
> "Odiar é engolir uma colherada
> de veneno a cada dia,
> imaginando que isto fará mal ao inimigo"
> (sabedoria popular).

18 de janeiro

> "Quando orardes dizei:
> Pai nosso, que estás no céu!"
> (Lc 11,2).

Mais que proferir palavras, orar é colocar-se, com coração de filho, diante do Pai. Esta era a maneira de Jesus orar. Ele se retirava para encontrar-se, a sós, com o Pai. Jesus nos deixou apenas uma oração, o Pai-Nosso. É a melhor de todas, porque é uma síntese do Reino de Deus.

No Pai-Nosso, encontramos duas dimensões: as coisas do Pai e as nossas. Na primeira parte, falamos do nome, do Reino e da vontade do Pai. Na segunda parte, lembramos as coisas necessárias aos filhos: o pão de cada dia, o perdão, que pedimos e damos, e a força para superar o mal.

Rezar não é querer mudar a vontade do Pai. Rezamos para conhecer sua santa vontade para que nós possamos realizá-la. E a vontade do Pai é a de que seus filhos e filhas sejam felizes. E ele nos ensina como devemos agir.

> ***Para meditar:***
> "Cada ser humano é único;
> é uma palavra de Deus que não se repete"
> (Karl Adam).

19 de janeiro

"Anunciar o Evangelho
não é um título de glória para mim"
(1Cor 9,16).

Todas as pessoas têm uma idade cronológica: nascemos num dia de determinado ano. Temos também uma idade mental. Assim, há velhos de 18 anos e jovens de 80 anos. A pessoa jovem é aquela que se mostra disposta a aprender e participa, do seu modo, em todas as atividades.

Pode-se afirmar sobre a pessoa o mesmo que dizemos sobre o vinho: quanto mais velho for, melhor. Além do mais, um vinho ruim logo se torna vinagre. O mau humor, a crítica, o silêncio de protesto, a lamentação representam o vinagre. Enquanto o bom vinho é feito de alegria, partilha, gratidão para com a vida, pela certeza do amor de Deus. O tempo é o espaço do amor de Deus. O tempo é um presente de Deus. Usá-lo bem é uma atitude de quem é agradecido.

Para meditar:
"Sabedoria é saber o que fazer;
virtude é fazê-lo"
(David Jordan).

20 de janeiro

> "Cada um veja como constrói:
> com ouro, prata, pedras preciosas,
> madeira, capim ou palha"
> (1Cor 3,12).

Muito se fala da sorte e do azar. Para mim tudo é difícil, diz alguém. Meu filho não tem sorte, lamentam algumas mães. Na realidade, a sorte ou o azar podem, alguma vez, bater à porta de nossa vida. Mas uma existência não depende disso. A lógica da vida deve levar em conta a dialética da causa e da consequência. Aquilo que semearmos, cedo ou tarde, colheremos. Quem semeia flores, colherá flores, quem semeia espinhos, espinhos colherá, e aquele que nada semeia, nada colherá.

Muitas vezes, a segunda metade da vida é gasta com lamentações por aquilo que deixamos de fazer, ou fizemos mal, na primeira etapa. O passado é definitivamente nosso, mas não significa que deva continuar determinando nossa vida. A cada dia podemos começar de novo. O tempo de Deus não é ontem, nem amanhã. O tempo de Deus é hoje.

Para meditar:
"Transportai um punhado
de terra todos os dias
e fareis uma montanha"
(Confúcio).

21 de janeiro

> "Se não tiver caridade,
> nada disso me adiantará"
> (1Cor 13,3).

Um rei africano, estando em viagem, recebeu a notícia da morte da esposa. Regressando a seu país, começou a estudar a melhor forma de homenageá-la. Pensou em construir um memorial. Algumas pessoas o aconselharam a criar uma instituição com o nome da esposa ou dar o nome dela à capital do país. Mas um homem do povo aconselhou o rei: "Se queres que ela seja lembrada, abra um poço no deserto, assim, todas as caravanas que por ali passarem lembrarão seu nome".

A vida transcorre com grande rapidez, cheia de acontecimentos, e a morte tende a apagar os fatos. Somente a bondade fica e, por isso, ainda falamos de Francisco de Assis, João XXIII, Martin Luther King e Teresa de Calcutá. Eles semearam amor pelo caminho. Eles abriram poços no deserto. Eles foram bons.

> **Para meditar:**
> "Você não pode escolher
> como e quando vai morrer.
> Você só pode decidir como vai viver agora"
> (Joan Baez).

22 de janeiro

"Buscai o Reino dos céus
e tudo o mais será dado por acréscimo"
(Mt 6,33).

Ser feliz é o maior sonho de todos. Pobres e ricos, sábios e ignorantes, jovens e velhos, homens e mulheres, independente do tempo e dos locais em que vivam, todos desejam ser felizes.

A criança põe sua felicidade num brinquedo, o jovem, numa namorada, o adulto, numa viagem ou numa casa de praia. Sabemos reconhecer os momentos felizes, mas temos dificuldade em definir o que seja a felicidade.

A experiência ensina que cada conquista abre espaço para novos sonhos. A felicidade nos faz sonhar, e está onde nós a colocarmos. Algumas vezes a colocamos no passado e, em outras, no futuro.

É feliz quem vive consciente de ser amado por Deus e sabendo ter uma missão a cumprir.

Para meditar:
"Nada é pequeno no amor.
Quem espera grandes ocasiões
para provar sua ternura não sabe amar"
(Laure Conan).

23 de janeiro

> "É hora de despertar do sono,
> pois a salvação está, agora, mais próxima"
> (Rm 13,11).

Situado no círculo polar ártico, a Lapônia é chamada de o topo do mundo. Lá, no auge do verão, o sol não se põe durante 72 dias. Isto significa que o dia, em vez das 24, tem 1.728 horas. Durante o verão, o sol permanece acima do horizonte. Depois vem o inverno, em que as trevas reinam por 51 dias seguidos. É uma longa noite de 1.224 horas. Na vida também existem períodos de sol e de trevas. Há momentos repletos de esperança e outros de espessas trevas. Mas nada é definitivo. O bom senso pede que se mantenha a humildade nos dias de sol e a serenidade durante as trevas. Depois das longas noites, o discípulo sabe que o sol voltará a brilhar. Deus jamais falha, nem o sol se atrasa. Quanto mais escura for a noite, mais agradável será esperar pelo dia.

> ***Para meditar:***
> "O bom e o mau tempo
> estão dentro da gente"
> (sabedoria popular).

24 de janeiro

"Cada dia tem seu peso"
(Mt 6,34).

Há pessoas que vivem debruçadas sobre o passado, outras vivem preocupadas com o futuro. Passado e futuro não nos pertencem. O passado é definitivo, e o futuro é apenas uma interrogação. Apenas o dia de hoje, o presente, é inteiramente nosso.

O tempo nos é dado por Deus. Talvez por isso digamos tempo presente. Viver cada dia de maneira intensa é a melhor maneira de agradecer a Deus. Viver com qualidade é se preparar para o grande dia do encontro com o Senhor. Precisamos nos perdoar pelos erros cometidos no passado. Devemos colocar nas mãos de Deus nosso futuro. Todos nós precisamos viver hoje uma imensa gratidão. O amor de Deus não volta atrás. Ele jamais deixará de nos amar. O amor de Deus é infinito, mas o tempo é limitado. Amar é o compromisso de hoje.

Para meditar:
"Deus promete sempre e a todos o perdão,
mas não garante a ninguém o dia de amanhã"
(Santo Agostinho).

25 de janeiro

"Se vivemos, é para o Senhor que vivemos;
se morremos, é para o Senhor que morremos"
(Rm 14,8).

Todos nós gostaríamos de mudar o mundo. E isso é bom. Porém, precisamos começar do ponto certo. Só modificaremos o mundo, se mudarmos nosso coração. Pretendemos mudar o vizinho, o padre, o político, o próximo. Mas o mais fácil mesmo é mudarmos a nós mesmos. Francisco de Assis nunca quis mudar ninguém. Mas, por ter mudado a si mesmo, acabou transformando o mundo. A mudança pode e deve começar devagar. Mudando os detalhes, transformaremos o todo. E é dentro de nós que está a capacidade para isso.

O Evangelho nos ensina que sempre é tempo de mudar. O paralítico pode começar a andar, o surdo, a ouvir, o mudo, a falar, a prostituta vir a tornar-se mulher honrada e o morto voltar à vida. O chamado bom ladrão se regenerou nos minutos finais de sua vida. Tarde, mas ainda em tempo.

Para meditar:
"Aceitar o sonho de um mundo melhor
é entrar no processo de criá-lo"
(Paulo Freire).

26 de janeiro

> "A verdade vos tornará livres!"
> (Jo 8,32).

Na vida são muito comuns duas atitudes: a desculpa e a acusação. Quando erramos, procuramos logo afastar de nós a culpa e atribuímos o erro aos outros. A sabedoria popular garante que temos uma desculpa para cada dia do mês. Quando não fazemos algo ou erramos, a culpa é dos outros: do marido, da esposa, dos pais, dos mestres, dos políticos, do vizinho... E com isso deixamos de lado a nossa responsabilidade de melhorarmos. Parece ser mais fácil mudar o mundo do que mudar uma atitude nossa. Quando erramos, procuramos uma justificativa. É a legitimação. Criamos uma lei só para nós. Jesus repreende severamente os hipócritas. Os santos foram pessoas que tiveram atitudes bondosas para com os outros e severas para com si mesmos. Já o pecador é condescendente consigo e duro com os outros. Mas, diante de Deus, nós somos o que somos.

Para meditar:
"Ninguém pratica o mal só pelo mal.
Até mesmo o diabo encontra razões
para tudo o que faz"
(Imre Madách).

27 de janeiro

"Para cada coisa existe tempo debaixo do céu"
(Ecl 3,1).

Na Idade Média, colossais pestes dizimavam cidades inteiras. Hoje, nossas pestes se chamam: barulho e pressa. Estamos acostumados ao ruído e não mais suportamos o silêncio. Pois o silêncio tenta nos revelar nossa verdadeira face. Sempre temos pressa. Nossos compromissos são maiores que nosso tempo. Vivemos em alta velocidade e nossa qualidade de vida deixa a desejar.

Um sábio conselho de nossos antepassados é fazer uma coisa por vez. Pois assim, teremos tempo para tudo, ou, pelo menos, para as coisas essenciais. E entre estas coisas está a família, Deus e a gratuidade. Afinal, a quantidade de tempo que temos é a mesma que tiveram Jesus Cristo, o papa e os maiores executivos do mundo. A questão é saber distribuir bem esse tempo.

Para meditar:
"Se o ano fosse inteirinho feito de férias,
divertir-se seria mais aborrecido
do que trabalhar"
(William Shakespeare).

28 de janeiro

> "Estou colocando diante de vocês
> a bênção e a maldição"
> (Dt 11,26).

Deus nos deu a extraordinária possibilidade de escolher. Nossa vida e nossa felicidade dependem das nossas escolhas. Mesmo as pequenas escolhas de cada dia sinalizam a direção da caminhada. Em vez do ódio, devemos escolher o amor, em vez da agressividade, devemos escolher a ternura, em vez da vingança, o perdão, em vez da morte, a vida. O bem e o mal que fazemos, de alguma maneira, voltarão para nós.

São nossas escolhas que fazem nossa vida. Sejam boas ou más, elas criam hábitos que facilitam ou dificultam a caminhada. As escolhas do passado foram importantes, mas as que valem são aquelas que faremos hoje. Afinal, hoje é o primeiro dia do resto da nossa vida.

Para meditar:
"O que o dinheiro faz por nós
não compensa o que fazemos por ele"
(Gustave Flaubert).

29 de janeiro

> "De sua plenitude todos nós
> recebemos graça sobre graça"
> (Jo 1,16).

Na procura de melhores pastos, os pastores levam o rebanho para as montanhas. Mas ali também residem os lobos vorazes. Sobretudo à noite, seus uivos nas proximidades assustam as ovelhas. Então, os pastores começam a tocar sua flauta. As melodias não assustam os lobos, mas os fazem saber que alguém está vigilante na defesa do rebanho. Tranquilas, as ovelhas dormem, mas o pastor as vigia.

O Salmo 22 garante que Deus é o bom pastor que leva as ovelhas para as pastagens e as águas limpas, conduzindo-as com segurança. O Evangelho garante que o pastor conhece cada ovelha. E as ovelhas conhecem a voz do pastor e só a ele seguem. O lobo é forte, mas o pastor é mais forte. Com ele não há lugar para o medo.

Para meditar:
"Pare de ficar dizendo
o que Deus deve fazer"
(Niels Bohr).

30 de janeiro

> "Ainda que eu toque só na roupa dele,
> ficarei curada"
> (Mc 5,28).

Deus está no céu, na terra e em todo o lugar. Assim afirmava o catecismo inspirado no Concílio de Trento. Após a encarnação de Jesus, a história é o lugar preferencial para encontrar a Deus.

O Papa João XXIII chamou a atenção para os sinais dos tempos. Deus fala através dos acontecimentos da história, por piores ou melhores que sejam. Mas é no coração de seus filhos e filhas que se encontra a certeza da sua existência e do seu amor. Francisco de Assis não precisava ir a uma igreja para encontrar a Deus. Para ele, o universo inteiro era um templo onde ressoava a voz de Deus, onde ele via seus sinais. As criaturas todas eram degraus que levavam a Deus, pois tudo saiu de suas mãos. Mesmo assim, o coração humano é o mais sagrado dos santuários.

Para meditar:
"Por vezes, é difícil provar que Deus existe;
impossível é provar que Deus não existe"
(Blaise Pascal).

31 de janeiro

"E Deus viu que tudo era bom"
(Gn 1,21).

Tudo na vida e na natureza se renova. Aquilo que não se renova, morre. Cada dia deve ser um novo dia, cada bom-dia deve ser novo, cada aurora deve ser olhada como se fosse a primeira do mundo. A magia da vida pode ser afetada pela rotina, pois ela torna pobres nossos melhores atos. Cada dia deve ser festejado como se fosse o primeiro, o único e o último de nossa vida. Cada manhã deve abrir a possibilidade de agradecer a Deus o dom da vida e do batismo. Cada dia deve ser marcado com a magia do novo. Nada se repete.

A Bíblia pede que cantemos um cântico novo. Não se trata de um canto recém-composto, mas cantado de maneira nova. Tudo deve ser feito como se fosse a primeira, a última e a única vez.

Para meditar:
"Começar bem é uma graça,
e graça maior é continuar no bom caminho.
Mas a graça das graças é ser fiel até o fim"
(Dom Helder Camara).

1º de fevereiro

"Como pode um homem nascer de novo,
se já é velho?"
(Jo 3,4).

Vivemos o segundo mês do ano. E já sentimos a vertigem do tempo que avança com incrível velocidade. O grande poeta indiano Tagore, em um de seus poemas, se inquietava com o tempo. "Somos pobres demais", dizia ele, "para desperdiçarmos um tempo breve e o perigo de chegar tarde". Mas ele se alegrava e constatava: "Vejo que sua porta ainda está aberta".

O passado está fora de nossas possibilidades. Demonstrar maturidade é aceitar o passado assim como ele foi e assinar com ele um tratado de paz. Maturidade é, sobretudo, olhar o futuro com tranquilidade e coragem. Pois o futuro ainda é uma folha em branco, onde podemos escrever o que desejarmos. Podemos deixá-la colorida ou, até mesmo, em branco.

Para meditar:
"Nunca diga que Deus não está num poema;
ele pode ser a última palavra"
(Rudyard Kipling).

2 de fevereiro

"Maria partiu, apressadamente,
para as montanhas"
(Lc 1,39).

Na comunidade cristã, Maria, a mãe de Jesus, é contemplada com mais de trezentos nomes. Cada povo, cada comunidade, tem sua invocação preferida. Em Maria visualizamos a ternura de Deus. No Evangelho ela aparece nos momentos de maior necessidade. Na comunidade cristã suas aparições sempre têm como objetivo animar e consolar seus filhos e filhas. Ela é a mãe peregrina, a Senhora dos Navegantes, companheira dos que caminham. É a Senhora do "sim". Conhece o caminho e pede a seus filhos: "Fazei tudo o que ele vos disser". Ela é luz nesta caminhada. Senhora do "sim", ela, mãe e mestra, nos conduz a seu Filho.

Para meditar:
"Afirmam que a vida é breve. Engano: é longa.
Cabe nela um amor eterno"
(António Botto).

3 de fevereiro

"Quem não peca pela língua, é perfeito!"
(Tg 3,2).

A língua pode ser considerada o melhor ou o pior órgão do corpo humano. Ela pode destruir, caluniar, mentir, forçar guerras e inimizades, blasfemar e trair. Mas também com ela podemos louvar a Deus, restabelecer amizades, perdoar, consolar, ensinar e desfazer equívocos. É capaz do pior e do melhor.

O apóstolo Tiago compara a língua ao timão que determina a rota do navio, assim como o freio direciona o cavalo. Ao ter a garganta abençoada, na festa de São Brás, o cristão assume o compromisso de usar da melhor maneira possível a palavra.

Pela intercessão do Bispo São Brás, Deus nos livre dos males da garganta e de todas as enfermidades!

Para meditar:
"Ninguém caiu tão baixo que não possa
ser levantado pelo amor"
(Mahatma Gandhi).

4 de fevereiro

> "Ela deu mais do que todos,
> simplesmente ela deu tudo"
> (Mc 12,43-44).

A viúva, pobre e sem nome, tem uma passagem fulgurante no Evangelho. A cena se passa no Templo de Jerusalém. No recinto do famoso templo, situavam-se treze cofres destinados às esmolas dos judeus. Muitos colocavam no cofre grandes somas, possivelmente sem terem condições. As moedas tilintavam, causando admiração. Meio envergonhada, a viúva depositou ali duas moedinhas de cobre, as menores que circulam em Jerusalém. Jesus, como espectador e juiz, declarou que ela deu mais que todos os outros... deu de sua pobreza, deu sua própria vida.

Deus sempre aceita nossa pobreza e nossos limites. Ele aceita e ama quem tem um coração simples e agradecido.

Para meditar:
"Enfeita de ouro as asas de uma ave
e ela nunca mais voará"
(Rabindranath Tagore).

5 de fevereiro

"Existem dons diferentes,
diferentes serviços, mas o Senhor é um só"
(1Cor 12,4).

Uma das frases mais perigosas: não preciso de ninguém. Na realidade, precisamos dos outros sempre. Um bebê abandonado à própria sorte ao nascer, por exemplo, não sobreviveria.

Ao longo da vida, sempre precisamos contar com os outros. O pão, que chega à nossa mesa, é fruto do trabalho de dezenas de pessoas. Alguém plantou o trigo, outro moeu o grão, um terceiro preparou o fermento para levedar a massa... Houve ainda a mão daquele que levou o pão ao forno, alguém que o transportou até o mercado... Por fim, chegou à nossa mesa, onde foi repartido. No campo da fé, a participação é ainda maior. Ninguém se salva sozinho. Formamos uma comunidade. Mais ainda: somos irmãos e irmãs, pois temos um único Pai. Quem exclui o irmão nega o Pai.

Para meditar:
"Queiramos ou não,
estamos envolvidos nos problemas do mundo;
todos os ventos sopram em nosso jardim"
(Walter Lippmann).

6 de fevereiro

"A figura deste mundo passa"
(1Cor 7,31).

Ao término da Segunda Grande Guerra, com a Europa transformada num monte de ruínas fumegantes, uma jovem italiana chegou à conclusão de que tudo passava, e isto significava um vazio insuportável. Chiara Lubich, este é o seu nome, não ficou presa a uma utopia, mas continuou procurando um sentido para sua existência. De repente, uma luz se fez em sua vida. Ela teve uma intuição: só Deus não passa. A partir daí, sua vida se encheu de sentido e alegria. Transmitiu a alegre notícia a algumas amigas e decidiu criar uma organização – Focolare – com o objetivo de viver esta grande realidade: Deus não passa e seu amor é para sempre.

Para o discípulo, a grande lei é o amor. Não um amor platônico ou à flor da pele, mas um amor exigente, em resposta àquele que é Amor.

Para meditar:
"Somos eternos peregrinos em busca de Deus"
(Saint-Exupéry).
---

7 de fevereiro

> "Vinde a um lugar deserto
> e descansai um pouco"
> (Mc 6,32).

A complexidade, a pressa e o barulho que envolvem nossa existência tornam necessário um período de férias. Isto até em termos práticos. Em seis dias realizamos mais do que em sete. Em onze meses produzimos mais do que em doze. Férias se constituem num período de gratuidade, de vida familiar e descanso. É tempo de rever a própria vida e retomar o sentido da caminhada. É também um período oportuno para perceber os sinais de Deus na natureza, no mar imenso, nas montanhas azuladas, na fonte, na flor à beira do caminho. É tempo de dar-nos conta de que não somos máquinas, e sim pessoas.

Há quem prefira "vender" as férias, mas isso certamente é um mau negócio. Não se vende a vida. Só vivemos uma vez e devemos fazer isso com intensidade.

Para meditar:
"A única coisa para a qual vale a pena
fixar o olhar é o presente;
o futuro virá sozinho"
(Nicolai Gogol).

8 de fevereiro

"Deixai vir a mim as crianças:
delas é o Reino dos céus!"
(Mc 10,14).

Para os conterrâneos de Jesus, as crianças nem sequer eram contadas. Na multiplicação dos pães, o cronista fala da presença de cinco mil homens, sem contar as mulheres e as crianças. Mas Jesus coloca as crianças no centro do seu Reino. O Reino é das crianças e daqueles que se parecem com elas. Evangelicamente, todas as pessoas que sabem chamar a Deus de Pai são consideradas crianças.

A criança também tem defeitos. E compete aos pais e mestres ajudá-la na formação de sua personalidade. Educar significa fazer fluir o bem que está escondido na criança. E isto só pode ser feito com amor. Educa-se pelo exemplo, pela palavra, e também pelo elogio merecido. A crítica empobrece a criança. Ela precisa saber que tem imensas capacidades e qualidades. Precisa saber que é amada do jeito que é.

Para meditar:
"Só é possível ensinar uma criança
a amar, amando-a"
(Johann Goethe).

9 de fevereiro

"Olhai as aves do céu
e os lírios do campo!"
(Mt 6,26).

A vida pode ser comparada a um espetáculo de malabarismo. Brian Dyson, alto executivo norte-americano, imagina uma pessoa jogando ao ar cinco bolas, com o cuidado de não deixar cair nenhuma. Cada bola representa uma realidade: família, saúde, trabalho, amigos e espiritualidade. Dyson afirma que o trabalho é uma bola de borracha que, se cair no chão, volta para cima. Já as outras bolas, se caírem, partem-se ou ficam danificadas para sempre. Ninguém é perfeito, mas o jogo precisa continuar.

Exclua o risco, tenha capacidade para recomeçar e não culpe os outros pelas falhas. Fundamental, no jogo da vida, é o equilíbrio. Todas as bolas são importantes, mas a bola da espiritualidade dá sentido ao jogo.

Para meditar:
"As coisas mais difíceis de ver
são as que estão debaixo de nossos olhos"
(Vittorio G. Rossi).

10 de fevereiro

"Tudo contribui para o bem
daqueles que amam a Deus"
(Rm 8,28).

Num terreno abandonado continuavam vegetando, de qualquer maneira, alguns pés de parreira. Tinham uma imensa galharia, mas nada produziam. Então, o novo proprietário chamou um especialista para cuidar das árvores. Ao regressar, ficou irritado com o especialista. Do seu ponto de vista, tinha mutilado, liquidado com as pobres parreiras. Havia cortado seus longos galhos e deixara uns miseráveis tocos, que pareciam chorar.

Veio a primavera e os galhos brotaram e se encheram de uvas. A lição da parreira é a lição da vida. As provações, as doenças, os limites – se aceitos – acabam produzindo frutos de maturidade. O coração ajuda a ver além das aparências. E, por vezes, é o tempo que revela a verdadeira direção de um fato.

Para meditar:
"A alegria nos revela o céu,
mas a dor o conquista"
(Henri Lacordaire).

11 de fevereiro

*"Os sofrimentos da vida presente
não têm proporção com a glória que deverá revelar-se em nós"*
(Rm 8,18).

Lourdes, uma pequena cidade no sul da França, tornou-se um dos maiores centros de espiritualidade do mundo. Em 1858, dia 11 de fevereiro, a Imaculada Virgem Maria apareceu neste local à jovem camponesa Bernadete Soubirous. A partir daí o local tornou-se centro de peregrinações, especialmente dos doentes. Tendo como referência a basílica de Lourdes, o Papa João Paulo II declarou 11 de fevereiro como o Dia Mundial dos Enfermos.

A doença, que Deus não quer, mas que entrou no mundo pela fresta do pecado, na maioria absoluta dos casos transforma-se em bênção. E esta bênção, de alguma maneira, passa às cuidadoras, aos cuidadores de doentes e idosos. É bom lembrar que Jesus salvou o mundo pelo sofrimento.

Para meditar:
"Quando uma porta se fecha, outra se abre.
Por vezes, ficamos olhando
a porta que se fechou
e nem notamos a que se abriu"
(Graham Bell).

12 de fevereiro

"Aquele que persevera até o fim,
este será salvo!"
(Mt 10,22).

Eram três irmãos de nomes estranhos: Não Posso, Não Quero e Vou Experimentar. O primeiro era uma pessoa frágil e sem coragem. Com receio da derrota, preferia não participar. O segundo era contra tudo e contra todos. Irritava-se diante de qualquer nova iniciativa ou desafio. Já o terceiro tinha um espírito otimista, sem supervalorizar suas capacidades. Os dois primeiros nada realizaram de útil e fracassaram na vida, mas o terceiro teve vitórias surpreendentes. Nós temos possibilidades imensas e precisamos desenvolvê-las. O fracasso é apenas uma oportunidade de recomeçar com mais inteligência. De resto, é a luta que dá dignidade à vida. Um dia Deus não nos perguntará se vencemos, mas se lutamos. O pior fracasso é não tentar.

Para meditar:
"Antes o choro por não ter vencido
que a vergonha por não ter lutado"
(sabedoria popular).

13 de fevereiro

> "Eu rezei por vocês
> para que sua fé não desfaleça"
> (Lc 22,32).

O número 13, por razões culturais, é associado ao azar. As pessoas evitam ocupar a poltrona 13, evitam convidar 13 pessoas para jantar e tomam muito cuidado com o dia 13 de cada mês. Na realidade, todos os dias são iguais. Cada dia é um presente de Deus. É uma folha em branco onde podemos escrever um poema ou um simples rabisco.

Podemos também não escrever nada. Cada dia é uma nova oportunidade. Cada dia nos permite não só dar um novo rumo à caminhada, mas também corrigirmos nossas falhas. O dia de ontem já passou, o dia de amanhã é uma interrogação. Nosso é o dia de hoje. Nossa vida não é regida pelo horóscopo. Existe uma lógica inflexível que une a causa à consequência. O dia de ontem inspirou o dia de hoje, e o dia de hoje é o pai do amanhã.

Para meditar:
"Não há caminho.
O caminho se faz caminhando"
(Antonio Machado).

14 de fevereiro

> "Eu fui pobre, preso, doente, peregrino
> e você (não) me socorreu"
> (Mt 25,35).

Um monge, chamado Silvestre, recebeu o seguinte comunicado: "Vá para a montanha amanhã e eu estarei esperando por você na cabana". Por ser longe, Silvestre partiu bem cedo. No meio do caminho, ele encontrou um ferido pedindo socorro... O monge explicou que estava com pressa, pois tinha um encontro marcado com Deus, e que na volta o ajudaria. Chegando à cabana, Silvestre encontrou um aviso: "Fui atender o ferido que você ignorou. Volto logo. Assinado: Deus".

No rosto dos irmãos, especialmente, dos mais pobres, precisamos reconhecer o rosto de Deus. Índios, crianças, idosos, doentes serão, um dia, nossos juízes. O teste para ingressar no Paraíso terá apenas uma pergunta e será referente ao amor, não o amor de palavra, mas o amor exigente; no rosto do pobre, o rosto do Senhor.

> *Para meditar:*
> "Um grama de ação vale mais
> que uma tonelada de teoria"
> (Friedrich Engels).

15 de fevereiro

"Ela quebrou o vaso
e derramou todo o perfume
na cabeça de Jesus"
(Mc 14,3).

Numa campina florida dois insetos sugam as mesmas flores. A abelha, com essas flores, faz o mel, mas a vespa tudo transforma em veneno. Duas pessoas podem se defrontar com a mesma situação, mas somente uma delas irá aprender a lição.

No nosso dia a dia, ocorrem milhares de fatos, e de cada um deles fazemos uma leitura pessoal. Cada pessoa vê num acontecimento um pouco de si mesma. O bondoso perceberá a bondade em seus semelhantes, já o invejoso verá apenas inveja e maldade. As próprias palavras passam por este crivo. Boa parte do sentido é dada por quem as proferem, a outra metade pela pessoa que as escuta.

Todos nós usamos "filtros" para ver, para "espiar" a realidade. Vemos do nosso jeito. Para o coração puro, tudo será puro.

Para meditar:
"Dois presos estão na mesma cadeia,
um deles olha para as estrelas,
o outro para o barro"
(Santo Agostinho).

16 de fevereiro

"Ao perceber que estava curado,
um deles voltou para agradecer"
(Lc 17,15).

Diante de Deus podemos ter a postura de mendigos. Pedimos todos os dias, pedimos tantas coisas, mas nos esquecemos de agradecer. No Evangelho muitas pessoas curadas, porque foram agradecidas, receberam também a graça da fé e o dom do discipulado e continuaram seguindo Jesus pelo caminho. O mal, de alguma maneira, afeta nossa vida, mas não é a única realidade. Somos cercados de bênção, recebemos a dignidade de filhos e filhas de Deus. O amor do Pai é para sempre. Tudo isso deve criar um horizonte em nossa vida.

A perfeita alegria de São Francisco vinha disso. Ele se sentia envolvido por esse amor e, por isso, todas as outras coisas – inclusive o pecado – empalideciam.

Para meditar:
"Há duas maneiras de olhar a vida.
Uma é como se nada fosse milagre;
a outra, como se tudo fosse milagre"
(Albert Einstein).

17 de fevereiro

> "Por tua grande compaixão,
> apaga o meu pecado!"
> (Sl 51,3).

Quase sempre perdoar exige um grande esforço. E mesmo tendo perdoado, guardamos algum ressentimento. O grande rei Davi garante que Deus apaga o nosso pecado e cria em nós um coração puro.

Perdoar não é esquecer nem achar que algo ruim passou a ser bom. Perdoar é recusar-se fazer o jogo do mal. É assinar um tratado de paz com aquele que nos ofendeu. Perdoar é entender que a pessoa que nos ofendeu é maior que sua culpa. É deixar para Deus, que é amor e misericórdia, a tarefa de julgar. Perdoar é assumir a lógica de Jesus, que pede que amemos nosso inimigo. E quem perdoa recebe uma recompensa imediata: a paz. De resto, estabelecemos a medida para o nosso perdão.

Para meditar:
"Quando for apontar o dedo,
lembre-se de que há três dedos
virados para você"
(sabedoria popular).

18 de fevereiro

"Céus e terra passarão,
mas as minhas palavras não irão passar"
(Mt 24,35).

Um rei, na antiguidade, quis saber qual a frase mais carregada de sabedoria. Depois de inúmeras pesquisas, foi selecionada esta: "Isto também passará". Nos momentos de euforia, de sucesso, é bom recordar: isto também passará. Nos momentos de desânimo e tristeza, vale lembrar: isto também passará. Isso evita a euforia e o desânimo e nos traz de volta à realidade do dia a dia. O inverno não é eterno, mas a primavera também passará. A noite escura não dura para sempre, mas o dia também terá seu ocaso.

Todas as realidades humanas – as melhores e as piores – passam. Só a Palavra de Deus não passará, assim como o seu amor, que é para sempre.

Para meditar:
"Somos o que fazemos,
mas somos principalmente
o que fazemos para mudar o que somos
(Eduardo Galeano).

19 de fevereiro

"Eles deixaram imediatamente as redes
e seguiram Jesus"
(Mt 4,20).

Uma das mais perigosas tentações é deixar as coisas para amanhã. Até o demônio aceita nossa conversão, desde que seja amanhã. O jovem diz: "Quando eu crescer...". Depois muda a frase: "Depois que me formar...", "Depois que me casar...". E a vida continua correndo e a pessoa se lembra do seu compromisso: "Quando conseguir me estabilizar economicamente...". Por fim, promete: "Quando eu me aposentar...". "Amanhã, sempre amanhã", dizia Santo Agostinho, ao adiar sua conversão.

Nós também dizemos, amanhã, no próximo mês, no ano que vem... E assim a vida passa e nada acontece. "Sou responsável por tudo o que não fiz", admitiu Georges Bernanos, em seu leito de morte.

Para meditar:
"Não espere pela sede para cavar seu poço"
(Publio Mencius).

20 de fevereiro

"O Reino é como um pai de família
que tira do seu tesouro coisas novas e velhas"
(Mt 13,52).

Uma jovem israelense, chamada Anat, quis fazer uma surpresa para a mãe idosa. Aproveitando sua ausência, comprou-lhe um colchão novo e despachou o velho para o lixo. Ao retornar, a mãe ficou desolada. No velho colchão ela guardava cerca de meio milhão de dólares. Então, foram depressa pesquisar o lixo, mas este já havia sido removido para um lixão maior e daí para um aterro. Nem o colchão nem a quantia foram recuperados.

Nem tudo o que é velho é ruim, assim como nem tudo que é novo pode ser considerado bom. Por vezes, junto com coisas velhas, jogamos fora grandes valores. E uma vez perdidos, fica difícil recuperá-los. O valor de algo não está no quanto custa, mas no quanto vale para nós.

Para meditar:
"A vida não é um sonho.
Acorda, acorda!"
(Federico García Lorca).

21 de fevereiro

"Vá e faça a mesma coisa!"
(Lc 10,37).

Nem sempre a teoria e a prática se encontram. O próprio Jesus aconselhou os discípulos em relação aos mestres da lei e fariseus: "Façam o que eles dizem, mas não o que eles fazem". São Francisco, com um pouco de humor, observava que o melhor pregador era o Frade Exemplo. De Jesus se dizia que ele pregava com autoridade. E sua autoridade vinha de suas obras.

Hoje, fala-se muito na necessidade de unir fé e vida: o que cremos com o que fazemos. Pode-se ampliar isso: aquilo que se celebra no domingo, é preciso fazer acontecer na semana. Não adianta começar o dia rezando e viver o resto do tempo como pagão. Os falsos pregadores, além de serem hipócritas, colocam sob desconfiança a causa e todos os demais pregadores.

Para meditar:
"Quem entra no território da mentira
não tem passaporte para voltar"
(Graham Greene).

22 de fevereiro

"Eu sou o Caminho, a Verdade e a Vida!"
(Jo 14,6).

O mundo está cheio de caminhos, o mundo está poluído de falsas verdades, o mundo faz pouco caso da vida. Jesus se define como Caminho. Ele não veio indicar o caminho; ele é o próprio Caminho. Não veio ensinar verdades; ele é a própria Verdade. Ele veio nos dar Vida em abundância.

O Cristianismo não é um conjunto de verdades, normas morais e práticas religiosas. Cristianismo é aceitar, é encantar-se com a adorável pessoa de Jesus Cristo. A partir do encantamento com ele, aceitamos uma moral, um modo de viver, um modo de chegar a Deus, que é Pai. Antes dos mandamentos, é necessário que a pessoa faça a experiência de Jesus. Porque aceitamos Jesus, acolhemos seus mandamentos. O anúncio deve preceder à catequese.

Para meditar:
"Como fazem poucos ruídos os milagres!
Como são simples
os acontecimentos essenciais"
(Saint-Exupéry).

23 de fevereiro

"Quem começou em vocês o bom trabalho
vai continuá-lo até que seja concluído
no dia de Jesus Cristo"
(Fl 1,6).

Rico e já sexagenário, um homem explicou por que não havia casado. Ele casaria só se encontrasse a mulher perfeita. E um dia encontrou esta mulher. Quiseram saber, nesse caso, por que não se casou com ela. Ele explicou: "Ela também estava procurando um homem perfeito". Muitos casamentos acabam porque foram construídos com base no egoísmo. Amar não é querer ser feliz, mas fazer feliz a outra pessoa. Muitos procuram o par perfeito, mas se esquecem de ser o par perfeito. Na realidade, somos todos imperfeitos e os casamentos acontecem entre imperfeitos. O tempo de namoro é favorável para conhecer os defeitos e as qualidades da pessoa escolhida e, juntos, traçar um projeto para a perfeição. Casamento é arquitetura humana e divina e, por isso, Deus nunca pode ficar de fora.

Para meditar:
"Não faça da vida um rascunho;
pode não haver tempo para passá-la a limpo"
(sabedoria popular).

24 de fevereiro

> Senhor, tua bondade dura para sempre,
> não abandones a obra de tuas mãos
> (Sl 138,8).

Jesus realizou muitos milagres, embora não tenha curado todos os doentes que encontrou. Em muitas oportunidades, pediu aos agraciados que não contassem a ninguém o acontecido. Ele não queria ser conhecido pelos milagres. Pois é fácil seguir um líder vitorioso. Preferia ser conhecido como o Homem das Dores. As curas por ele realizadas eram sinais de que o poder do mal estava sendo derrotado. O evangelista João não empregou a palavra milagre, preferia dizer os sinais de Jesus. Eram sinais de libertação.

Não temos o compromisso de fazer milagres, nem saberíamos. O grande milagre cotidiano do cristão é o amor ao próximo. Este é o sinal que identifica os discípulos de Jesus. "Vejam como eles se amam", diziam os pagãos.

Para meditar:
"Sem uma oração por seus inimigos,
uma parte de você estará nas trevas"
(Prior de Taizé).

25 de fevereiro

"Não tenha medo, continue a falar
e não se cale, porque eu estou com você!"
(At 18,9).

O mundo de hoje está poluído de palavras. Algo semelhante a um diálogo entre surdos, em que todos falam e ninguém escuta. De alguma maneira, sempre foi assim. Os atenienses disseram a Paulo: "Vamos te ouvir noutra ocasião".

No passado existiam certezas que ninguém contestava. Mas hoje tudo é contestado. No entanto, há questões que são óbvias, que não precisariam ser proclamadas. Hoje precisamos proclamar de novo estas verdades. Calar significa deixar que os maus falem sozinhos. Todo cristão tem vocação para profeta. Assim, tem o direito e o dever de anunciar Jesus Cristo e seu projeto e denunciar os sinais de morte. A obrigação é semear. Os frutos virão a seu tempo... A semente tem um potencial surpreendente.

Para meditar:
"O que me assusta não é o grito dos maus,
mas o silêncio dos bons"
(Martin Luther King).

26 de fevereiro

> "Um comerciante,
> ao encontrar uma pérola de alto valor,
> vende seus bens e compra essa pérola"
> (Mt 13,46).

Um explorador embrenhou-se nos sertões da Califórnia em busca de ouro, e acabou morrendo sozinho. E a última página do seu diário dizia: "Encontrei ouro... Morrerei rico!".

Isto não aconteceu, pois o tesouro era falso. A vida é uma corrida em busca da felicidade. O conceito de felicidade muda para cada pessoa. Muitos jamais realizam seu sonho, e outros se decepcionam depois de alcançá-lo. Não era o que imaginavam. Valerá a pena?

O poeta português Fernando Pessoa fala de desafios e mortes na epopeia das descobertas. Ele pergunta: "Valeu a pena?". E responde: "Tudo vale a pena quando a alma não é pequena". Vale a pena quando a causa é maior que a própria vida. Vale a pena quando a causa justifica vender tudo por um tesouro que o faça feliz.

Para meditar:
"Nossas vidas são tecidas
pelo mesmo fio de nossos sonhos"
(William Shakespeare).

27 de fevereiro

"Debaixo do céu
há um tempo certo para cada coisa"
(Ecl 3,1).

Uma das queixas mais comuns é: "Não tenho tempo". Isto significa que temos excesso de atividades. Parece também se tratar de outra coisa: não sabemos distribuir nosso tempo. O escritor alemão Hermann Hesse afirma: "Não diga que não tem tempo. Temos exatamente o mesmo número de horas que tiveram Helen Keller, Pasteur, Michelangelo, Madre Teresa, Leonardo da Vinci, Thomas Jefferson e Albert Einstein". Nós temos as mesmas 24 horas que teve Jesus. O que nos falta é uma hierarquia de valores. Por gastarmos mal o tempo, deixamos de fazer muitas coisas importantes. Entre estas coisas importantes está a oração. Um minuto de oração transforma todos os minutos do dia.

Para meditar:
"Só falta tempo
para quem não sabe distribuí-lo"
(Gaspar Jovellanos).

28 de fevereiro

"Em vossas orações
não multipliqueis as palavras!"
(Mt 6,7).

Foram escritos milhares de livros sobre a oração e catalogados centenas de métodos para rezar. Isso faz sentido diante da importância da oração. Jesus rezou e pediu que rezássemos sem cessar. Mais: ele nos deixou uma oração, o Pai-Nosso. Jesus jamais deixou aos discípulos sua receita de oração. Sabemos, porém, que ele se retirava para a solidão e passava longas horas rezando. Era o momento do encontro com o Pai.

A oração é uma experiência pessoal e única. Os manuais podem até indicar o caminho, mas tal caminho é pessoal. É feito de experiência. O capuchinho Inácio Larrañaga garante: "Quanto menos rezarmos, menos vontade teremos de rezar. Quanto mais rezarmos, mais vontade teremos de rezar".

Para meditar:
"Fica comigo, Senhor,
assim resplandecerei contigo
e serei luz para os outros!"
(Cardeal Newmann).

29 de fevereiro

"Somos chamados filhos de Deus.
E nós, de fato, o somos"
(1Jo 3,1).

Hoje é um dia especial. E não é especial apenas pelo fato de o ano bissexto nos contemplar com mais um dia. Hoje é um dia especial por ser um presente de Deus. Todos os dias são especiais, e eles jamais se repetem. Um dia que se perde, está perdido para sempre. O imperador romano Marco Aurélio, quando não realizava uma ação especial, admitia: "Perdi este dia". Um dia não pode ser valorizado apenas por uma boa ação. O cristão tem como meta santificar o dia inteiro. E é sob este aspecto que se destaca o papel do cotidiano. Pois é, sobretudo, pelas frestas do cotidiano que percebemos a Deus.

O dia de hoje é especial, até mesmo porque não sabemos se teremos um novo dia. É com o tempo que construímos a eternidade.

Para meditar:
"Todos os dias são importantes,
mas dois deles não nos devem preocupar:
o dia de ontem e o dia de amanhã"
(Chico Anísio).

1º de março

"Vocês não receberam um espírito de escravos,
mas um espírito de filhos"
(Rm 8,15).

Certa mentalidade moderna gostaria de excluir Deus de nossa vida. Seria uma ingerência indevida, pois o homem sabe ser feliz sozinho. Os mandamentos, dentro desta visão, limitam a liberdade e os direitos da pessoa. Na realidade, Deus, que é Pai, quer que seus filhos e filhas sejam felizes. E os mandamentos são caminhos de felicidade. A religião cristã é a religião do amor.

Enquanto o escravo age por obrigação, por medo do castigo, o filho é conduzido pelo amor. Os mandamentos não são contra, mas a favor das pessoas. E a humanidade, hoje, faz a seguinte experiência: não aceitou a lei do amor e se obriga a viver sob a lei do temor e do medo. Deixou de lado os Dez Mandamentos e criou para si milhares de leis. E o mundo não ficou nem feliz nem ordenado.

Para meditar:
"A verdadeira sabedoria
é reaprender a ver o mundo"
(Maurice Merleau-Ponty).

2 de março

"Não tenham medo!
Eu venci o mundo!"
(Jo 16,33).

Nunca diga: não sou capaz, não consigo, o destino me tratou mal. Dentro de você existem possibilidades imensas que dormem esperando um sinal. A pessoa só é derrotada quando desiste. Não temos habilidade para fazer de tudo, mas existem alguns dons que são só nossos, e com eles podemos pavimentar a estrada da nossa vida.

A Bíblia Sagrada, em mais de trezentas oportunidades, traz esta frase, com pequenas variantes: "Não tenham medo!". Quando estamos com Deus, não temos motivos para duvidar ou desanimar. É bom lembrar que Deus não é desculpa para preguiçosos. Só podemos pedir a ajuda divina depois de termos feito a nossa parte. Quando nossas forças se esgotam, abre-se espaço para a graça. E tudo contribui para o bem daqueles que amam a Deus.

Para meditar:
"Coragem é a capacidade
de agir apropriadamente,
mesmo morrendo de medo"
(Omar Bradley).

3 de março

"Eu sou o Bom Pastor
e conheço minhas ovelhas"
(Jo 10,14).

No Evangelho Jesus recebe muitos títulos. A figura que mais emocionou as primitivas comunidades cristãs é a do Bom Pastor e suas ovelhas. Sobretudo nas catacumbas e sepulturas, com desenhos primitivos, Jesus aparece cercado de suas ovelhas. Trata-se de uma figura que brota do Evangelho, contrapondo-se ao mercenário e ao lobo. No Antigo Testamento a relação do bom pastor é iluminada com o Salmo 22.

É o pastor que conduz o rebanho para as fontes límpidas e para as verdes pastagens. É ele que dá segurança e conduz o rebanho através do vale sombrio. O pastor conhece cada ovelha, e elas reconhecem sua voz e só seguem a ele. Deus é Pai e nós somos filhos. Ele é pastor e nós somos as ovelhas acarinhadas. E se alguma se perder, ele a procurará até encontrá-la.

Para meditar:
"Nenhum bem do mundo ultrapassa
a paz que brota da intimidade com Deus"
(Teilhard de Chardin).

4 de março

"Jesus veio para servir e não para ser servido"
(Mc 10,45).

Uma enquete feita com universitários revela a razão da escolha de uma profissão. As três respostas mais citadas são: dinheiro, realização pessoal e pressão familiar. Mas nenhuma destas respostas garante ao profissional sua realização. Jesus aponta outro caminho: o serviço. É o serviço que dá dignidade a todas as profissões e a todas as escolhas. O dinheiro, o gosto, o apoio familiar são importantes, mas é o serviço que garante a realização profissional. A sociedade privilegia alguns tipos de profissão, enquanto outras passam despercebidas. O que é melhor: ser médico, advogado ou lixeiro? Depende como a profissão é assumida. Mesmo assim, devemos respeitar o gari que limpa nossa sujeira.

Para meditar:
"Um oceano de genialidade vale menos
do que uma gota de bondade"
(Charles Gounod).

5 de março

"Estreita é a porta
e apertado o caminho que leva à vida"
(Mt 7,13).

A águia é a ave com mais longevidade da espécie. Chega a viver 80 anos. Mas para isso, aos 40 anos, precisa tomar uma atitude radical, pois as unhas já não conseguem agarrar a presa, o bico curva-se demasiadamente e as asas, envelhecidas e pesadas, dificultam seu voo. Ela, então, se recolhe num nicho de pedra na montanha e, durante 150 dias, passa por um doloroso processo. Primeiro, ela bate com o bico na rocha até arrancá-lo. Quando nasce um novo bico, ela arranca com ele as longas e flexíveis unhas. Uma vez crescidas, são elas que arrancam as penas. Cinco meses mais tarde ela pode, de novo, voar e viver com qualidade.

O processo de renovação, sempre doloroso, é necessário a todos. O que não se renova, morre. Isso vale para o campo profissional, familiar e também para a fé.

Para meditar:
"O caminho para o sucesso não tem atalhos"
(Masahiko Tanaka).

6 de março

> "Se o grão de trigo não morrer, fica só"
> (Jo 12,24).

Numa manhã, o lavrador tomou sementes de trigo e foi jogando os grãos na lavoura e cobrindo-os com terra. Depois foi embora. Veio a noite e, com ela, a chuva e o frio. E o pequeno grão de trigo teve de morrer sozinho. Algum tempo depois, filetes quase invisíveis brotaram da terra. Foram crescendo e a paisagem transformou-se numa linda seara, inicialmente verde, depois loura e, enfim, madura. E a colheita mostrou que se havia produzido 30, 60 até 100 por grão. Por ter aceitado perder, o grão multiplicou a vida.

Os cristãos meditam esta lição todos os anos na Quaresma. E a Páscoa mostra a vitória da vida sobre a morte, a vitória da solidariedade sobre o egoísmo, a vitória da redenção sobre o pecado. A vitória do grão de trigo.

Para meditar:
"Mesmo as noites totalmente sem estrelas
podem anunciar a aurora
de uma grande realização"
(Martin Luther King).

7 de março

"Todos comeram e ficaram satisfeitos"
(Mc 6,42).

Após alimentar a multidão na multiplicação dos pães, Jesus pediu: "Recolhei as sobras para que nada se perca". A cultura de hoje aplaude os grandes feitos e ignora as pequenas coisas. E são as pequenas coisas que formam as grandes. Com milhares de pequenos tijolos se constrói um edifício, com milhões de pequenas letras se escreve um livro, com pobres centavos se forma um milhão de reais. E são também os minutos que formam a nossa vida. Recolher as sobras de nosso tempo possibilita realizar mais e melhor. Não nos podemos descuidar das sobras do tempo. E são inúmeras as ocasiões em que desperdiçamos preciosos minutos. Esquecemos que não podemos guardar em depósitos os minutos perdidos. Os poderosos deste mundo dariam tudo por mais uns minutos, sobretudo no fim da vida. Estes minutos estão – hoje – a nosso dispor, gratuitamente.

Para meditar:
"Nascemos cada dia
para a vida que nos resta viver"
(Charles Morgan).

8 de março

> "Iam com ele também algumas mulheres
> que haviam sido libertadas de doenças"
> (Lc 8,2).

Hoje é o Dia Internacional da Mulher. A data tem sua origem na Rússia, em 1917, quando mulheres saíram às ruas para exigir melhores condições de vida. Pode parecer estranho que haja o dia da mulher e não exista o dia do homem. As datas têm objetivos pedagógicos. A história humana foi, sobretudo, pensada e organizada pelo homem. No fundo das cavernas, escondida na cozinha, considerada cidadã de segunda classe, a mulher foi esquecida e explorada ao longo do tempo. Hoje elas estão em toda a parte e atuam de maneira competente.

Este dia tem por objetivo valorizar as virtudes femininas. Mãe, filha, esposa, avó, irmã, a mulher é convidada a trazer mais ternura a um mundo cheio de contradições.

A mãe Maria é referência para todas as mulheres.

Para meditar:
"Mães, em vossas mãos
está a salvação do mundo!"
(Leon Tolstoi).

9 de março

"Vinde a mim vós que estais cansados
e sobrecarregados e eu vos aliviarei"
(Mt 11,28).

Doença moderna, o estresse atinge cerca de 30% dos brasileiros. Na realidade, o estresse não chega a ser uma doença. É um estado do organismo quando submetido a uma grande pressão. O corpo entra em estado de alerta e sofre reações químicas e físicas. Eis alguns sintomas da doença: insônia, taquicardia, pesadelos, esquecimentos, perda de apetite, ataques de choro. Então, surgem algumas alternativas medicinais. Mas a cura é sempre difícil. Assim, é melhor prevenir.

Há receitas simples e maravilhosas visando à prevenção dessa doença: caminhar, nadar, desligar-se do trabalho, concentrar-se na família, ouvir música... Também são terapias maravilhosas: a gratuidade, o silêncio e a oração.

Para meditar:
"Destino não é questão de sorte,
mas de escolha.
Não é uma coisa que se espera,
mas que se busca"
(William J. Bryan).

10 de março

> "Foram recolhidos doze cestos
> de pedaços que sobraram"
> (Lc 9,17).

Vivemos a civilização do descartável. Usar e jogar fora, essa parece ser a norma de todos. Os tradicionais consertos estão desaparecendo. Custa mais caro consertar do que comprar um objeto novo. No campo do comportamento também existe essa "mentalidade" descartável. Isto acontece no casamento, na moda, e até na fé. Nem tudo é descartável: há verdades eternas, costumes seculares, conselhos que passam de pais para filhos. O mundo precisa repensar seu futuro.

A capacidade da terra está chegando ao limite. Os recicladores são os profetas de nosso tempo e ensinam a não esbanjar, mas a reaproveitar, contentar-se com o mínimo. É preciso cuidar da terra, é preciso cuidar de nós mesmos.

Nem tudo é descartável, há verdades permanentes e valores que jamais passarão. Cuidado! Estamos sujeitos a jogar na lata de lixo a receita da felicidade!

Para meditar:
"Os pequenos atos que se executam
são melhores que todos aqueles grandes
que se planejam"
(George Marshall).

11 de março

> "Fica conosco, Senhor,
> porque a noite vem chegando!"
> (Lc 24,29).

As estatísticas garantem que nos últimos 120 anos cerca de 500 conflitos armados aconteceram, somando cerca de 50 milhões de mortos. O historiador inglês Duncan Anderson afirma que nestes 120 anos não houve sequer um dia sem guerras, um dia em que nenhum ser humano tenha sido assassinado.

No decorrer desse período foram feitas invenções espantosas, mas o coração humano não conseguiu se libertar do ódio... Continua primitivo e bárbaro. Todas as guerras começam no mesmo lugar: no coração do homem. Autossuficiente, o homem imagina poder ser feliz sozinho.

Os peregrinos de Emaús deram-se conta da própria fragilidade e pediram que o Senhor ficasse com eles, já que a noite se aproximava. A crise de nosso tempo reside neste fato: deixamos o Senhor partir. E por essa razão, caímos na solidão e nos tornamos lobos para os irmãos.

Para meditar:
"Uma grande caminhada começa
com o primeiro passo"
(sabedoria popular).

12 de março

> "Cada um veja como constrói"
> (1Cor 3,10).

Um velho carpinteiro pensava em se aposentar. O patrão concordou, mas pediu mais um favor: ele construiria a última casa. E recomendou: não meça gastos, quero uma casa bonita. Mãos à obra, o carpinteiro realizou maravilhas e, passado algum tempo, chamou o patrão para ver a casa. Estava maravilhosa, funcional e com um estilo arrojado. Após aprovar o trabalho, o patrão tomou a chave e a deu ao carpinteiro, explicando: "Essa casa é sua!".

Isso acontece na nossa vida. A eternidade é uma casa que construímos agora para habitarmos depois. O céu não é aqui, mas construído aqui. De certa maneira, vale o contrário: o inferno é construído aqui. E Deus nos leva a sério, respeita nossas decisões, mesmo quando são infelizes.

Para meditar:
"Deus constrói nossa casa no céu
com o material que enviamos da terra"
(sabedoria popular).

13 de março

"Quem faz a vontade do Pai,
este é meu irmão, minha irmã, minha mãe"
(Mc 3,35).

O romancista inglês Bruce Marshall imagina a eleição de um papa diferente. Seu nome: Buster. Em seu primeiro discurso declara que o amor livre não é mais pecado. Também tirou da lista dos pecados o aborto, o homossexualismo e o adultério... Os jornais do mundo inteiro saudaram o papa moderno e, no dia seguinte, junto aos velhos fiéis, multidões entraram na Igreja. Dos mais remotos países vinham pedidos para o envio de missionários, já que todos queriam ser católicos. Este sonho é a tentação de muitos: uma religião sem verdades, sem dogmas, sem oração, sem nenhum limite. Mais uma vez, Jesus repete: "Eu, porém, vos digo!". A função da Igreja não é converter-se ao mundo, mas ser sal e luz para todos. Cristo não negociou e foi para a cruz, e os primeiros cristãos foram para as catacumbas.

Para meditar:
"Um Evangelho que não o inquieta
é um evangelho falso"
(Dom Oscar Romero).

14 de março

"Ele veio para sua casa,
mas os seus não o receberam"
(Jo 1,11).

A última ceia, pintada por Leonardo da Vinci, no Mosteiro Santa Maria das Graças, em Milão, é uma das pinturas mais famosas da história. No cenáculo, Jesus, cercado pelos Doze, preside a instituição da Eucaristia e afirma: "Um de vós me trairá!". Muitas imitações dessa obra foram feitas. Uma delas é recente. No lugar dos apóstolos aparecem os grandes deste mundo. No centro uma cadeira vazia. É esta ausência que explica as loucuras e misérias do nosso mundo. Mas trata-se de uma visão parcial. Ninguém jamais poderá ocupar o lugar que é seu. No primeiro dia da semana – dia da Ressurreição – Jesus Cristo colocou-se no meio dos seus (cf. Jo 20,19). E este lugar será dele para sempre. E tal lugar fica no coração dos discípulos e no centro da história.

Para meditar:
"Devemos orar sempre;
não até Deus nos ouvir,
mas até que possamos ouvir sua voz"
(sabedoria popular).

15 de março

"Ai de mim se eu não evangelizar!"
(1Cor 9,16).

Um escultor, com martelo e cinzel, golpeava um bloco de mármore. Um menino quis saber o que estava fazendo e ele respondeu: "Volte dentro de dois meses e verá". Dois meses depois, a criança retornou e, no lugar do bloco, havia uma linda estátua de anjo. Incrédula, ela quis saber: "Onde você foi buscar isso?". "Estava dentro do mármore", foi a resposta dele.

Cada criança que vem ao mundo é um sonho de Deus. Cabe aos pais e mestres, com cuidado e muito amor, esculpir a imagem sonhada por Deus. Educar significa trazer o que está dentro para o lado de fora. Os golpes do cinzel não são contra a criança, mas a favor dela. Educar é fixar limites. E isto supõe: amor, firmeza e diálogo. Se nada deu certo, ofereça o perdão. E recomece com amor, firmeza e diálogo.

Para meditar:
"Aprendi com a primavera a me deixar cortar,
para poder voltar inteira"
(Cecília Meireles).

16 de março

"Quando o trigo apareceu,
apareceu também o joio"
(Mt 13,26).

Embora pareça um lugar seguro, o lar apresenta uma série de perigos, especialmente para as crianças. Fios elétricos, remédios, armários, vidros e – especialmente – a TV. Quando a criança está diante do televisor, os pais imaginam que ela está segura. Não está. O conteúdo da maioria dos programas contraria os ensinamentos dos pais. Erotismo, violência, mau gosto, são comuns. E a criança, sem capacidade de perceber o mal, absorve tudo isso. A TV se torna a babá, a mãe, a catequista, a mestra dos filhos; mas pode ser também uma prostituta.

No entanto, proibir de ver TV não vai resolver. Os pais precisam saber a que as crianças assistem, estabelecer horários que não prejudiquem o estudo, o descanso e o desenvolvimento físico. Mais: conversar com elas a respeito "do trigo e do joio". Isso é indispensável. Mais: o controle remoto continua disponível.

Para meditar:
"Os pais que levam seu filho à igreja
não precisam buscá-lo na delegacia"
(Içami Tiba).

17 de março

"Levante os olhos e veja o que vem vindo!"
(Zc 5,2).

Pedir tempo é um recurso permitido em algumas modalidades esportivas, quando o time está mal, perdendo, e prosseguir assim resultaria num desastre. Então, o jogo é interrompido e o treinador aponta erros e soluções. Daí, a partida recomeça e os atletas conseguem virar o placar.

Em nosso mundo extremamente agitado, pedir tempo passou a ser uma necessidade. Marido e esposa, pais e filhos, patrão e empregados, sacerdote e fiéis, precisam, de vez em quando, parar, analisar, rezar e recomeçar de outra maneira. Através do diálogo desarmado, a harmonia é restabelecida e o jogo pode continuar, só que agora revitalizado. Os antigos já diziam que, nos momentos de confusão, não podem ser tomadas decisões. Deve-se – isto sim – pedir tempo.

Para meditar:
"Aonde quer que vás, leva o teu coração"
(João XXIII).

18 de março

> "Jesus chamou os dois cegos e perguntou:
> 'O que querem que eu faça por vocês?'"
> (Mt 20,32).

Três viajantes foram surpreendidos por um leão na floresta. O primeiro admitiu: "Estou perdido". O segundo ajoelhou-se e começou a rezar, mas o terceiro subiu numa árvore até o leão ir embora. Estes três tipos aparecem no dia a dia. O fatalista acha que as coisas vão piorar sempre e por isso nada faz. O segundo personagem espera que Deus resolva seus problemas. Já o terceiro agiu corretamente.

A oração é essencial, mas nem sempre nossos pedidos são lógicos. Temos o direito de pedir a Deus tudo e só o que cabe no Pai-Nosso. Precisamos orar sem cessar, mas isso não dispensa nosso esforço. Depois de termos feito tudo o que é possível, aí entra a força divina. Mas oração não é sinônimo de preguiça.

Para meditar:
"Confie em Deus, mas amarre seu cavalo"
(sabedoria popular).

19 de março

> "José fez como o anjo do Senhor
> havia mandado"
> (Mt 1,24).

José legou a Jesus a descendência de Davi. Último patriarca bíblico, José mereceu receber do Evangelho o título de homem justo. Ele também teve de passar pela noite escura da fé, mas soube – como Maria – responder com coragem. E, além disso, deu seu "sim" à Redenção.

Hoje festejamos São José, a quem foi confiado cuidar de Jesus. Ele ganhou o pão com o suor do seu rosto. Perseguido, fugiu para o Egito e teve o privilégio de morrer assistido pelo próprio Senhor. Como homem, nada fez de extraordinário, mas sua atitude, ao acolher o mistério de Deus, foi extraordinária. É modelo para os trabalhadores, para os pais e educadores, e para todos os discípulos de Jesus de Nazaré.

Para meditar:
"Sua vida cotidiana é seu templo e sua religião"
(Khalil Gibran).

20 de março

> "Sejam bons e compreensivos
> uns com os outros,
> perdoando-vos mutuamente"
> (Ef 4,32).

Um velho almanaque traz este título: "As palavras mais importantes". Enumera cinco frases decisivas na convivência humana. Inicialmente, traz – em ordem decrescente – a quinta frase: "Estou muito satisfeito com você". Na sequência: "Qual sua opinião?". Depois, "Por favor!". Em seguida, o clássico: "Muito obrigado". Finalmente, a palavra menos importante: "Eu".

Todas essas frases representam atitudes muito simples e respeitosas que valorizam o interlocutor. Valem para a família, para a empresa, para a escola... Uma outra expressão necessita de ser acrescentada: "Me perdoe, eu errei".

Ninguém sabe nem precisa saber tudo. E ninguém é tão sem importância que não tenha algo para ensinar. Assim como ninguém é perfeito, e todos têm a possibilidade de crescer.

Para meditar:
> "Deus não deu a ninguém todos os dons,
> nem deixou ninguém sem dom nenhum.
> E isto para que aprendamos a partilhar"
> (Santa Catarina de Sena).

21 de março

"Deus esconde seus segredos aos inteligentes
e os revela aos simples"
(Lc 10,21).

Era uma vez um galo que se considerava o ser mais importante da criação. A cada aurora, com seu canto, ele tinha o privilégio de fazer o sol nascer. Certa madrugada perdeu a hora e, quando acordou, teve o desprazer de constatar que o sol havia surgido sem ele. Inicialmente, entrou em depressão, porém recebeu ajuda de um colega. Assim, foi aconselhado a continuar cantando não mais para fazer surgir o sol, mas para saudar a nova aurora que surgia. Finalmente, ele encontrou seu lugar e pôde viver tranquilo e feliz. Nada como saber o próprio lugar.

Nós somos o que somos diante de Deus. Isso possibilita humildade no triunfo e serenidade na derrota.

Para meditar:
"É preciso aprender com o vinho
a envelhecer sem virar vinagre"
(Dom Helder Camara).

22 de março

> "Para o Senhor, um dia é como mil anos
> e mil anos como um dia"
> (2Pd 3,8).

O tempo é invisível, inelástico, não pode ser encompridado, nem encurtado. Diante da dificuldade de definir o tempo, nós o dividimos em minutos, horas, dias, meses, anos, séculos. Também tentamos situá-lo em três etapas: o que foi, o passado; o que será, o futuro, e o presente.

Na prática, agimos como se o tempo fosse infinito, mas um dia ele acaba. Nós, mortais, navegamos no tempo, enquanto Deus situa-se na eternidade. Deus, Ontem, Hoje e Sempre, como reza a liturgia. Para ele, mil anos comparam-se a um simples dia. Para nós, o tempo perdido não pode mais ser recuperado. Deus tem paciência histórica e sua misericórdia é infinita. Porém, o nosso tempo é breve.

O poeta indiano Tagore lembrava: "Somos pobres demais para nos atrasarmos, mas a porta ainda continua aberta. Cada dia é um presente de Deus".

Para meditar:
"Faça seus planos para já;
o minuto seguinte pertence a Deus"
(Tancredo Neves).

23 de março

"A esperança não decepciona"
(Rm 5,5).

Há uma diferença infinita entre a esperança humana e a esperança cristã. A esperança humana é simples possibilidade. Espero que chova, que meu time vença, que eu ganhe na loteria... Esta frágil esperança humana repousa sobre muitos e imprevisíveis fatores. Já a esperança teologal é certeza. E isso porque se baseia em Deus, que não se engana, não falha e não nos quer enganar. E, por isso, as coisas de Deus têm garantia para sempre.

A história humana é banhada pela esperança cristã. Isso significa que o mal não terá a última palavra. A vitória final será da vida que se manifestou plenamente na Ressurreição. A luz que se acendeu na manhã pascal jamais se apagará. Seu amor é o de sempre e para sempre.

Para meditar:
"Somente a esperança nos torna
verdadeiramente cristãos"
(Santo Agostinho).

24 de março

"Jesus entrou na sinagoga e começou a ensinar"
(Mc 1,21).

Novas nomenclaturas passaram a fazer parte do mundo empresarial. Uma delas é a terceirização, em que uma empresa contrata outra para realizar funções anteriormente realizadas por seus empregados.

Esse tipo de situação estabeleceu-se também nas atuais famílias. Alguns pais e mães estão terceirizando a educação. O motorista leva o filho para a escola, onde a professora ensina uma vez por semana, a catequista tenta recuperar a formação religiosa, a empregada serve a refeição e a avó é chamada em qualquer necessidade. Já a televisão encarrega-se de entreter e ensinar os filhos nas diferentes áreas de comportamento.

O tempo dos pais pode até diminuir em quantidade, mas precisa crescer em qualidade. Essa é uma função que não pode ser terceirizada e que dura enquanto conservar-se a vida. Além do que, os primeiros anos de vida são os mais importantes.

Para meditar:
"A melhor herança
que se pode deixar aos filhos
é uma boa educação"
(Césare Cantù).

25 de março

"E a Palavra se fez homem e habitou entre nós"
(Jo 1,14).

A liturgia nos lembra, hoje, que faltam exatamente nove meses para o Natal, quando celebramos a festa da Anunciação do Senhor. Uma judia foi colocada na encruzilhada da história. Jovem, simples, acostumada a sonhar com as profecias do seu povo, ela foi convidada a tornar-se a mãe do Redentor. E respondeu com coragem ao desafio da fé. E seu "sim" colocou em marcha a Encarnação. Este "sim" não foi apenas pontual e localizado. Ela respondeu com um "sim" a todo o projeto de Deus. Fez do seu corpo um ofertório para, mais adiante, oferecer ao mundo o fruto do seu ventre. E na condição de discípula-missionária, nada atribui a si, mas proclama: "O Todo-Poderoso fez por mim grandes coisas". Deus se fez história e armou sua tenda entre nós.

Para meditar:
"Maria é filha do Pai, esposa
do Espírito Santo e mãe de Jesus"
(sabedoria popular).

26 de março

"É a tua face que procuro, Senhor!"
(Sl 27,8).

Jesus recorda que multiplicar palavras não é a melhor forma de rezar. Orar é colocar-se diante de Deus e, quando isso acontece, até o silêncio é louvor. O silêncio faz parte da liturgia. Em algumas oportunidades, o presidente da celebração cria um espaço de silêncio para que o povo possa refletir. Isso possibilita tomar consciência do momento.

O silêncio é necessário para que sejam criadas obras importantes. É no silêncio da noite que a semente germina. É no silêncio dolorido do inverno que a árvore se prepara para a explosão da primavera. Na história da Igreja, muitos foram para o deserto, onde o silêncio permite que Deus se revele. Mas este silêncio precisa ser interno. Não se trata do silêncio de uma casa abandonada, mas de um silêncio cheio de mistério e amor.

Para meditar:
"Faça silêncio ou diga coisas
mais importantes que o silêncio!"
(São Bento).

27 de março

"Este é o meu mandamento:
Amai-vos uns aos outros como eu vos amo"
(Jo 15,12).

Numa pequena aldeia dos Alpes, já no final da Segunda Guerra Mundial, teve lugar uma batalha com muitos mortos, de ambos os lados. Dias depois, os camponeses recolheram os corpos que estavam na neve e os sepultaram. Pequenas cruzes, sem indicação de nome ou nacionalidade, assinalavam cada sepultura. E no portal do cemitério, um Jesus, com um olhar severo e com esta inscrição: "Eu tanto lhes pedi que se amassem uns aos outros!".

Este é o grande mandamento, essência do ensinamento de Jesus e caminho de felicidade. Pois o coração humano foi feito para amar. E não se deve esperar pela atitude do outro, mas começar a amar... Os frutos virão a seu tempo.

Para meditar:
"No anoitecer da vida,
seremos julgados pelo amor"
(São João da Cruz).

28 de março

> "Você abandonou seu primeiro amor!"
> (Ap 2,4).

Numa velha sacristia, uma frase recordava ao sacerdote a importância de sua missão com esta exortação: "Deves celebrar esta missa como se fosse a primeira, a única e a última da vida". A rotina pode tornar pobres nossos melhores gestos. Na realidade cada gesto deve vir banhado do novo.

Cada missa, cada Eucaristia devem ser vistas sob esse ângulo. Na vida familiar, cada dia, cada beijo, cada refeição, podem ser assumidos com a magia da primeira, da última e da única vez. Os salmos pedem também que se cante um cântico novo, como se tivesse sido composto neste momento.

Cada dia somos convidados a recomeçar, assumindo o nosso Batismo. Cada dia deve ser acolhido como se fosse o último da nossa vida.

> *Para meditar:*
> "A verdadeira espiritualidade
> conjuga três fontes:
> Deus, o homem e a história"
> (Frei Prudente Nery).

29 de março

"Deus nos achou dignos
de confiar-nos o Evangelho"
(1Ts 2,4).

O poeta e místico indiano Rabindranath Tagore imaginava que as crianças, ao chegarem ao mundo, diante de tantas encruzilhadas, batiam à porta da casa dos pais. E quando estes abriam a porta, perguntavam-lhes: "Qual é o caminho?". A educação dos pais pode ser resumida nesta frase: "Venham conosco, nós estamos no caminho". O testemunho constitui a primeira e indispensável obrigação dos pais. Não basta apontar o caminho. É preciso caminhar com os filhos.

Os pais devem ser os primeiros evangelizadores, os primeiros catequistas, através da palavra e do exemplo. Mesmo assim, os filhos devem fazer a própria caminhada. Pais e filhos têm de prestar atenção à palavra de Jesus: "Eu sou o caminho".

Para meditar:
"A família é a primeira escola de virtudes sociais
de que a sociedade necessita"
(João Paulo II).

30 de março

"Isto é o meu corpo, que é dado por vocês.
Façam isto em memória de mim"
(Lc 22,19).

Todos os dias, homens e mulheres reúnem-se – em número de dois, três mil – para fazer um gesto sóbrio: partilhar um pouco de pão, pronunciando algumas palavras. É a recordação mais preciosa que existe na terra: a do último gesto de Jesus.

Este gesto não é apenas uma lembrança: anuncia como será o mundo novo, refeição oferecida por Deus e partilhada por todos. Do passado ao futuro, este pão constitui o alimento dos peregrinos, alimenta o povo de Deus em marcha. É o pão da Páscoa, na incessante caminhada em direção a Deus, é o pão que alimenta a humanidade nova. Este pão mata e ao mesmo tempo aumenta a fome, porque provoca a fome do mundo novo, o mundo do pão distribuído e partilhado por todos.

Para meditar:
"Sem Eucaristia não há Igreja,
sem Eucaristia não há vida cristã"
(Karl Rahner).

31 de março

"Nunca abandonarei você,
nunca o deixarei"
(Hb 13,5).

Qual é a melhor estação do ano? Provavelmente a primeira estação a ser excluída é o inverno. Também o verão desagrada. Restam duas estações: a primavera florida e o outono, estação dos frutos maduros. Todas as estações são úteis e necessárias. É no inverno que a árvore prepara a primavera. Por outro lado, a primavera seria inútil, se não existisse a estação dos frutos maduros. Assim é a vida. Nela acontecem as quatro estações. Há o inverno das dificuldades, a primavera da esperança. Há o verão e outono carregados de certeza. Mas a melhor estação mesmo é a que estamos vivendo agora.

Jesus caminha conosco nos bons e maus momentos. Ele nunca nos deixará e tudo fará para que nós não o deixemos.

Para meditar:
"Nenhum inverno dura para sempre,
nenhuma primavera pula sua vez"
(Hal Borland).

1º de abril

> "Mas todos eles começaram a apresentar desculpas"
> (Lc 14,18).

As origens do 1º de abril são antigas e confusas. Mudança de calendário, fatos históricos, brincadeiras... Existe até mesmo quem ligue a data à ressurreição de Jesus. Tradicionalmente, a data é considerada o Dia da Mentira ou o Dia dos Bobos. Há brincadeiras de todo o tipo, algumas de mau gosto, outras interessantes.

Essa data é um convite a examinarmos nossa vida, pois ela também pode ser uma mentira: mentira entre o que pregamos e fazemos, entre nossa fé e nossa vida.

Não existe uma data certa para a mentira, ela pode acontecer ao longo do ano todo. É bom ainda lembrar que a mentira tem pernas curtas e que o mentiroso torna-se refém da própria mentira. As más ações podem se revelar a qualquer momento.

Para meditar:
"Se alguém enganar você uma vez, ele é culpado;
se o enganar uma segunda vez, ambos são culpados;
mas se o enganar pela terceira vez, você é o culpado"
(Eleanor Roosevelt).

2 de abril

> "Cristo tomou sobre si as nossas dores,
> carregou em seu corpo nossas fraquezas"
> (Mt 8,17).

O apóstolo Paulo garante: "Tudo contribui para o bem daqueles que amam a Deus". Desse ponto de vista, o sofrimento, que não é vontade de Deus, na maioria absoluta dos casos torna-se redentor. A dor é a companheira nossa de cada dia. Dificilmente temos um dia sem sofrimentos. Mas tudo vai depender da maneira como acolhemos o sofrimento.

Em primeiro lugar, o sofrimento é subproduto do pecado, que deve ser combatido em todos os níveis. É importante também escolher o modo de sofrer. A revolta torna mais pesada nossa cruz. Quando carregada com amor, ela nos ajuda a amadurecer e a reavaliar nossa escala de valores. E quando acharmos nossa dor injusta e pesada, devemos olhar para a cruz. Ela nos ensina a sofrer com amor.

> *Para meditar:*
> "Faz escuro, mas eu canto
> porque a manhã vai chegar"
> (Thiago de Mello).

3 de abril

"O Senhor precisa dele"
(Lc 19,34).

Um neossacerdote, como lembrança de sua ordenação sacerdotal, escreveu a seguinte frase: "O Senhor precisa dele!". Muitos quiseram saber de onde foi tirada esta frase tão significativa. E ele, com bom humor, contava a história do jumentinho que transportara Jesus em sua entrada triunfal em Jerusalém. Deus podia ter feito tudo sozinho, mas preferiu fazer parceria com o homem. Deus criou o mundo em seis dias, mas não terminou a criação. Encarregou o homem e a mulher – deu-lhes inteligência e vontade – de completar a criação, que continua ainda hoje.

Isso vale também para o plano da salvação. Porque Deus assim preferiu, a salvação passa pelo nosso "sim", vivido em comunidade. A grande virtude do discípulo é a disponibilidade. Maria ilumina nosso "sim".

Para meditar:
"Deus não escolhe os puros, mas os purifica;
não escolhe os santos, mas os santifica"
(sabedoria popular).

4 de abril

"Lava-me da injustiça e apaga minha culpa"
(Sl 51,3).

Uma mulher entrou no cartório e bateu a porta atrás de si. Sem nem mesmo cumprimentar o juiz de paz, perguntou: "Foi o senhor que assinou este documento, que me autorizou a casar?". O juiz examinou o papel e admitiu que fora ele. A mulher continuou: "Meu marido fugiu. Quero saber que medidas o senhor vai tomar em relação ao caso". Sempre os outros são os culpados. E isto não é de hoje. Já no Jardim do Éden, Adão acusou Eva, que passou a responsabilidade para a serpente.

No dia a dia, as pessoas descarregam sua raiva sobre os outros. O marido reclama da esposa, esta acusa o filho, a sogra, a empregada. Em vez de encontrar culpados e desculpas, é mais inteligente assumirmos nossa própria responsabilidade. Só assim poderemos corrigir nossas falhas. Os escolásticos já diziam: "Só aquilo que é admitido é redimido".

Para meditar:
"É impossível vencer
um ignorante com argumentos"
(William McAdoo).

5 de abril

> "Não há nada de novo debaixo do Sol"
> (Ecl 1,9).

Os jovens franceses da Revolução de maio de 1968 popularizaram um grito: "É proibido proibir". A frase é nova, mas a atitude não. O poeta Hesíodo, que viveu na Grécia, 800 anos antes de Cristo, proferiu palavras duras aos jovens do seu tempo. Dizia que eram arrogantes, não respeitavam os mais velhos e não toleravam restrições.

O conflito de gerações começou já com Adão e Eva e seu filho Caim. E sempre existirá. O idoso diz: "No meu tempo...". Já o jovem proclama: "O meu tempo é agora". O mundo seria triste sem os jovens, mas menos sábio sem os idosos. O diálogo – falar e escutar – é a ponte que aproxima as gerações. E esse diálogo pressupõe o amor. Sem isso, é como se fosse uma conversa entre surdos: todos falam e ninguém escuta.

> *Para meditar:*
> "Que importa ter noventa,
> trinta ou dezenove anos?
> És jovem como tua fé;
> és velho como tua dúvida"
> (Malba Tahan).

6 de abril

"A mulher que me deste por companheira
deu-me o fruto e eu comi"
(Gn 3,12).

A primeira briga entre casais aconteceu ainda no Jardim do Éden. Houve cobrança a respeito de responsabilidade e acusações. Expulsos do Paraíso, Adão e Eva devem ter ficado dias sem conversar.

Há algumas atitudes que funcionam na superação das crises. A primeira delas: verbalizar as questões, pois a palavra tem força terapêutica. É bom também imaginar a troca de papéis. Isso significa tentar ver a questão do ponto de vista do outro. Terceira pista: valorizar mais o lado positivo. Todos nós temos defeitos e, também, qualidades. Por fim: perdoar. Se nada disso der certo, existe a possibilidade de perdoar e recomeçar com mais inteligência e respeito. Assim, não haverá perdedores: todos vencem.

O perdão permite reencontrar o caminho da felicidade. E a atitude mais inteligente é manter o diálogo.

Para meditar:
"Se quiser ser feliz por um instante, vingue-se;
se quiser ser feliz para sempre, perdoe"
(Henri Lacordaire).

7 de abril

> "Quando dois ou três
> estiverem reunidos em meu nome,
> eu estarei no meio deles"
> (Mt 18,20).

Na seção de cartas de um jornal apareceu algo assim: "Tenho ido à igreja ao longo de 30 anos e durante este tempo devo ter escutado cerca de 20 mil sermões. Uns foram um pouco melhores, mas não lembro nenhum deles. Acho que padres e pastores estão perdendo seu tempo". Dias depois, veio uma resposta: "Estou casado há 30 anos e durante este tempo minha esposa preparou milhares de refeições. Não me lembro dos cardápios... Algumas dessas refeições foram melhores. O que sei é que elas me possibilitaram trabalhar. Se minha esposa não as tivesse preparado, hoje eu estaria morto".

Por que vamos à igreja? O que queremos, o que procuramos? Uma coisa é certa: sem a comunidade nossa fé estaria morta.

Para meditar:
"O homem precisa de fé tanto quanto
necessita de pão, de água e da atmosfera"
(Wernher von Braun).

8 de abril

"Deus, tu me sondas e me conheces,
tu conheces meu sentar e meu levantar"
(Sl 139,1).

Em algumas modalidades esportivas, o regulamento permite descartar um dos resultados, logicamente, o pior. A vida é uma longa competição, mas nenhum resultado pode ser descartado. A atitude mais inteligente é assinar um tratado de paz com os maus resultados. Afinal, são nossos. Podemos e devemos nos perdoar, porque somos humanos. Um erro só faz sentido quando ele nos ensina algo.

A vida pode ser comparada a um livro... Cada dia escrevemos uma página. No dia do julgamento, Deus vai olhar apenas a última. Ele não nos perguntará sobre os piores resultados. Apenas desejará saber se queremos continuar a lutar. E com alegria, poderemos dizer: "Felizmente, eu tentei de novo".

Para meditar:
"A vida é feita de escolhas;
as escolhas que valem não são as de ontem,
mas as de hoje"
(sabedoria popular).

9 de abril

> "Diariamente partiam o pão nas casas"
> (At 2,46).

As igrejas, como as conhecemos hoje, não existiam nas primitivas comunidades cristãs. Os fiéis se reuniam nas casas para repartir o pão. Neste repartir o pão estão incluídas a Eucaristia e a partilha da Palavra. Somente mais tarde, quando as comunidades cresceram, pensou-se em construir um local exclusivo para o culto. Era o lugar onde a Igreja se reunia.

Partir o pão nas casas tem uma simbologia muito rica. É no cotidiano, nas pequenas coisas de cada dia que experimentamos o Senhor. A grande celebração comunitária nos dá forças para a fidelidade cotidiana. O Vaticano II recuperou um entendimento antigo: "A família é a Igreja doméstica, a pequena Igreja". Tudo aquilo que se realiza na comunidade deve ser posto em prática em cada lar.

Para meditar:
"A fé constrói uma ponte
deste mundo ao outro"
(Carl Jung).

10 de abril

"Jesus se aproximou
e começou a caminhar com eles"
(Lc 24,15).

A ressurreição de Jesus é um fato único na história, mas cada evangelista narra este fato a partir de uma ótica.

Lucas conta que, depois do sepultamento, "no primeiro dia da semana, bem de madrugada", as mulheres se surpreenderam com o túmulo vazio e correram a dar a notícia aos apóstolos, lembrando-os da ordem de Jesus: "Ide à Galileia, lá me verão". No episódio dos discípulos de Emaús, Jesus se aproximou e caminhou com eles, ajudando-os a ler a própria história. Há ainda um significativo fato: Maria de Magdala conta aos apóstolos o extraordinário fato: "Eu vi o Senhor! Somos um povo de ressuscitados".

No Batismo recebemos a semente da ressurreição. Em nossa vida, aos poucos, como na natureza, os sinais da ressurreição devem ser manifestar, até a floração definitiva.

Para meditar:
"A ressurreição de Cristo está escrita
em cada flor da primavera"
(Martinho Lutero).

11 de abril

"Maria escolheu a melhor parte
e esta não lhe será tirada"
(Lc 10,42).

As duas irmãs – Marta e Maria – representam duas maneiras de acolher a Deus. Marta é a mulher do serviço, mas Maria escolheu a melhor parte, a oração. Rezar não é uma obrigação, mas uma necessidade. Por isso, no dia em que não encontramos vontade nem tempo para rezar, esta é então uma ocasião privilegiada para o encontro com o Senhor. Não dizemos: "Rezo porque tenho fé, mas rezo porque quero ter fé".

Por vezes, separamos a oração do trabalho. Mas estas realidades caminham juntas. Precisamos ter as mãos de Marta para servir e o coração de Maria para amar. A prática mostra que o serviço pode prejudicar a oração. No entanto, a oração qualifica o serviço.

Para meditar:
"É uma certeza que temos:
quando repartimos o pão,
reconhecemos o Senhor"
(Santo Agostinho).

12 de abril

> "Um ensinamento novo,
> dado com autoridade"
> (Mc 1,7).

No tempo de Jesus, escribas, doutores e mestres da lei tinham obsessão por leis. Alguém contabilizou, neste período, mais de 600 mandamentos, alguns positivos e outros proibitivos. Um dia quiseram que Jesus dissesse qual era o maior. Algumas correntes achavam que todos os mandamentos tinham o mesmo peso, enquanto outras achavam que o descanso sabático era o principal mandamento. Ignorando o legalismo religioso, Jesus apontou o amor a Deus e ao próximo como essência de toda a lei. O povo, então, percebeu nele um mestre diferente e uma doutrina nova, e constatou: "Ele ensina com autoridade". É esta autoridade que pode estar faltando aos pais e pregadores de hoje.

Para meditar:
"A história contará nossas ações
e não nossas boas intenções"
(Henry Kissinger).

13 de abril

"Se queres, tens o poder de curar-me"
(Mc 1,40).

A lepra era a doença mais terrível da antiguidade, pois não tinha cura. O doente era obrigado a se afastar do convívio social para não contagiar os outros. Pior ainda, a lepra era considerada um castigo de Deus.

Marcos nos relata que um leproso aproximou-se e desafiou Jesus: "Se queres, podes limpar-me!". E este respondeu: "Quero, fica limpo!". E a lepra desapareceu.

Tantas vezes na vida desejamos superar determinadas limitações. Dessa forma, ao nos darmos conta da inutilidade de nossos esforços, devemos adotar a linguagem do leproso: "Se queres, podes curar-me!". Os resultados serão surpreendentes, pois a Deus tudo é possível. Quando nossas forças acabam, aí então é a vez de Deus!

Para meditar:
"Nunca ore suplicando cargas mais leves,
e sim ombros mais fortes"
(Philip Brooks).

14 de abril

"Um só é vosso Mestre,
todos sois irmãos"
(Mt 23,8).

Nos Evangelhos são atribuídos muitos títulos a Jesus. Ele é o Caminho, é a Verdade, é o Bom Pastor, é o Messias, é Luz, é Rei, é Senhor... No entanto, um título supera os demais. Ele é Mestre. Dezenas de vezes foi chamado por este nome, e todos o reconhecem como tal. Dirigindo-se aos apóstolos, até os fariseus dizem: "O vosso Mestre...".

Só é mestre quem tem alunos, discípulos. E porque é mestre, temos o privilégio de escutar, internalizar suas mensagens e proclamá-las aos outros. Como o jovem Samuel, devemos dizer: "Fala, que teu servo te escuta".

Ele é mestre na Bíblia, ele é nosso mestre na Igreja, nosso mestre na família, nosso mestre na oração. Ele fala também através dos acontecimentos diários, que se transformam em sinais dos tempos. E Maria pede: "Fazei tudo o que ele", o mestre, "vos disser".

Para meditar:
"A arte da oração é escutar a Deus
e saber falar com ele.
É uma arte difícil, por isso pedimos:
Ensina-nos a orar"
(Renato Zanolla).

15 de abril

> "E Zaqueu recebeu a Jesus em sua casa,
> com grande alegria"
> (Lc 19,6).

Por vezes admitimos: todos os dias são iguais, todos os dias se parecem. Na realidade, cada dia é um novo dia e jamais se repetirá. Cada dia é um presente de Deus que não podemos ignorar nem deixar para amanhã. E podemos rezar: "Obrigado, Senhor, porque nasci de novo!". Cada dia nos oferece uma nova oportunidade de recomeçar, corrigir falhas, dar maior densidade a nossos atos. Mesmo porque, não sabemos quantos dias ainda nos restam.

Então, todos os dias devemos nos perguntar o que estamos fazendo com nossos sonhos. Pois deixar para depois não é uma boa tática. Quase sempre isso é comodismo. Se há uma coisa importante a ser feita, ou ao menos iniciada, faça-a hoje. E poderemos ouvir aquilo que Jesus disse ao publicano Zaqueu: "Hoje a salvação veio a esta casa".

Para meditar:
"A vida é a arte do encontro,
embora haja tantos desencontros na vida"
(Vinicius de Moraes).

16 de abril

"Tudo posso naquele que me conforta"
(Fl 4,13).

Jesus afirma de maneira categórica: "Sem mim, nada podeis fazer". E São Paulo garante aos cristãos da cidade de Filipos: "Tudo posso naquele que me conforta".

Passamos do nada ao tudo. Muitas vezes, em nossos projetos, falhamos ou colhemos pouca coisa. Uma das razões: fazermos tudo sozinhos. Mas, se nos abrirmos à graça de Deus, tudo se torna possível.

Deus é capaz de criar algo do nada. Pode criar a partir de nossa pobreza. Nas Bodas de Caná, ele transformou água em vinho. Na multiplicação dos pães, igualmente, partiu do pouco que se tinha.

Deus aceita nossa pobreza, Deus ama nossa disponibilidade. Ele transforma nossa dor em alegria, nosso pecado em graça.

Para meditar:
"O muito sem Deus é nada,
mas o pouco com Deus é muito"
(Santa Teresa).

17 de abril

*"Tire as sandálias dos pés
porque este lugar é sagrado"*
(Ex 3,5).

A ecologia é uma ciência relativamente nova. Trata-se de todo o dinamismo que visa cuidar do nosso planeta. Durante milênios, o homem não se preocupou em cuidar da terra – a nossa casa – nem em preservar seus recursos, que são limitados. Hoje, possivelmente, a ecologia deva ser a mais universal das bandeiras.

O Papa João Paulo II declarou São Francisco como o santo padroeiro da ecologia, pois o Santo de Assis tinha muito cuidado com as criaturas, especialmente a Mãe Terra. A reverência franciscana para com a criação tem uma matriz teológica. O universo inteiro é um templo, onde é perfeitamente possível perceber os sinais de Deus. Cuidar da terra é um gesto de amor a Deus e aos irmãos. Ainda que não consigamos resolver todos os problemas, podemos fazer nossa parte.

Para meditar:
*"Aceitar o sonho de um mundo melhor
é entrar no processo de criá-lo"*
(Paulo Freire).

18 de abril

"Venham a mim vós todos
que estais cansados e eu vos aliviarei"
(Mt 11,28).

A terra já foi chamada de Vale de Lágrimas. A dor é nossa companheira de cada dia. Ela possui mil faces. É a doença, o desemprego, as divisões familiares, a fraqueza pessoal.

Aprender a sofrer é uma estratégia importante na vida. Já que temos de conviver com o sofrimento, precisamos descobrir o melhor meio de enfrentá-lo e superá-lo. Quando tudo vai bem, facilmente nos esquecemos de Deus. Mas, quando o sofrimento bate à porta, sentimos necessidade de refazer nossa escala de valores.

Deus não quer que seus filhos e filhas adoeçam, mas, na maioria absoluta dos casos, a pessoa doente se torna um ser humano melhor. A doença tem uma dimensão redentora. Porque pela porta do sofrimento entram também a graça e a maturidade na fé.

Para meditar:
"Existe uma arte de sofrer pouco conhecida:
sofrer em segredo e com amor"
(São Pio de Pietrelcina).

19 de abril

> "Ninguém engane vocês
> com argumentos vazios"
> (Ef 5,6).

A natureza mostra casos de animais que, depois que nascem, quase não dependem dos pais. Autossuficientes, eles buscam os próprios caminhos. No entanto, o homem é uma das criaturas mais frágeis ao nascer e que necessita de cuidados intensos e prolongados. Aristóteles assinalava que somos animais políticos, isto é, precisamos viver em comunidade. Isto vale também para o campo afetivo: nascemos para amar e sermos amados.

Um dos fatos mais dolorosos é alguém que vive e morre abandonado. Ter amigos é um dos pilares da felicidade. E ajudar os outros é também uma forma de realização. Precisamos das pessoas durante toda a nossa existência, e tanto na vida social como religiosa.

O céu é definido por Dante como a Pátria do Amor, e o inferno, como a Cidade da Solidão.

Para meditar:
"Somos anjos de uma só asa,
para voar precisamos abraçar uns aos outros"
(Fernando Pessoa).

20 de abril

"Eu o redimi, chamei você pelo nome;
você é meu"
(Is 43,1).

Tudo o que Deus faz é do jeito dele. Ele é infinito... Infinito em seu perdão, infinito em seu amor. Quando nos damos conta de que seu amor é pessoal e infinito, tentamos criar limitações: "Deus me amaria mais, se eu fosse melhor". Acontece que Deus não sabe amar menos. Se formos bons, ele nos amará com amor infinito; se não formos tão bom assim, ele também nos amará com amor infinito; se formos pecadores e perdidos, ele ainda nos amará com amor infinito.

Ele não nos ama porque merecemos, mas porque precisamos. E, quando nos sentimos longe dele, é porque ele está mais perto. Pois ele procura a ovelha perdida até encontrá-la. Recebe com festas o filho ingrato e devolve-lhe a totalidade de sua herança.

Para meditar:
"O único pecado sem perdão
é pecar contra a esperança"
(Carlos Quijano).

21 de abril

"Olhai as aves do céu e os lírios do campo..."
(Lc 12,27).

O girassol é uma singularidade da natureza. Conforme seu nome explica, o girassol acompanha o sol ao longo da jornada. Começa a manhã espelhando-se no sol e continua sua caminhada até a noite. E no dia seguinte, a caminhada prossegue. Mesmo quando as nuvens escondem o sol, ele faz sua amorosa peregrinação atraído pela luz.

Esta flor simboliza o discípulo fiel. Toda a sua caminhada, todas as suas ações, têm como referência o Criador. E nas horas de contrariedade – tempo nublado, chuvas – ele não desiste. Sabe que no dia seguinte o sol voltará a brilhar.

Os místicos falam da noite escura da fé. Nesta circunstância é preciso continuar caminhando, pois sabemos que Deus é fiel e bom. Podemos não vê-lo, mas ele nos vê e cuida de nós. Os reis magos continuaram caminhando, mesmo quando a estrela desapareceu.

Para meditar:
"De minha fé nada mais restava;
somente a vontade de crer"
(Santa Teresinha).

22 de abril

"Quando sou fraco,
então sou forte"
(2Cor 12,10).

A menina observava atentamente o bordado da avó. Em dado momento, não se conteve e observou: "Como isso é feio!". Com paciência, a avó explicou que ela estava olhando do lado errado e que por isso via apenas o avesso do quadro. Do outro lado existia o desenho de verdade, este, sim, maravilhoso, colorido, perfeito. Muitas vezes esta perspectiva afeta a nossa vida: olhamos pelo lado errado. Vemos os acontecimentos apenas sob o ângulo humano, e, por isso, nos desgastamos e nos revoltamos. Existe outro lado, que pode não estar visível neste momento.

Como garante o apóstolo Paulo: "Eu sei em que pus minha esperança". A resposta que não encontramos hoje pode brilhar amanhã, e as lágrimas então serão substituídas pelo riso. Mesmo nos maus momentos, é possível perceber uma luz.

Para meditar:
"Não se assuste com o seu fardo,
Nosso Senhor o carrega com você"
(São João Maria Vianney).

23 de abril

> "Pilatos mandou trazer água,
> lavou as mãos e disse:
> 'Não sou responsável
> pelo sangue deste homem'"
> (Mt 27,24).

A anedota é bem antiga: em meio a uma grande borrasca no mar, todos tentavam ajudar, mas um passageiro continuava desligado. Questionado sobre esta atitude, ele observou: "O navio não é meu!". Este parece ser o ponto de vista de muitos diante da escola, da igreja e do bem comum. Acham que a obrigação é dos outros, que o fracasso será só deles, e continuam tranquilamente se omitindo.

Caim tentou se omitir, ao alegar que não era o guarda de seu irmão Abel. Mas todos somos responsáveis por tudo. Se um grão de areia cai no mar, o continente fica menor. No mundo, cada um de nós é uma luz ou uma sombra. E porque muitas vezes é difícil remediar, é inteligente prevenir.

Para meditar:
"Não fique de braços cruzados;
o maior homem do mundo
morreu de braços abertos"
(sabedoria popular).

24 de abril

> "O corpo não é feito de um só membro,
> mas de muitos"
> (1Cor 12,14).

Uma lenda chinesa conta a história de um príncipe que conseguira vencer todos os seus inimigos, menos a velhice. Pretendia instituir o Reino Juvenil e determinou que todos os súditos que apresentassem sinais de velhice deveriam ser mortos. Em seu reino todos eram jovens, mas ele não era feliz. Um súdito desobedeceu à ordem real e escondeu sua velha mãe nas montanhas. Mas um dia o rei, desiludido, chegou até aquela cabana. Viu o rosto enrugado da anciã e, finalmente, recuperou a paz.

Os conflitos de geração sempre existiram. Pois a história não é algo estático, ela segue se renovando. Mas tanto o vigor do jovem quanto a experiência do adulto são necessários. Porque, sem jovens, o mundo seria triste e cansado, e sem idosos, o mundo seria imaturo. Portanto, jovens e idosos devem dar-se as mãos e caminhar juntos, para construírem um mundo melhor.

Para meditar:
"Só amarrados uns aos outros
é que escalaremos as montanhas mais difíceis"
(Dominique Perrot).

25 de abril

> "Quem não quer trabalhar,
> não deve comer"
> (2Ts 10,13).

Três pedreiros trabalhavam sob um sol muito forte, golpeando uma dura pedra. Alguém interrogou os três e obteve três respostas diferentes. "Estou trabalhando e este trabalho me cansa", respondeu o primeiro. O segundo explicou: "Estou ganhando o pão para mim e para minha família". "Estou construindo uma catedral", informou com alegria o terceiro. O trabalho era igual, mas a motivação, diferente.

Deus ainda não concluiu a criação do mundo, deixando ao homem e à mulher esta tarefa. Assim, a criação do mundo continua. E o trabalho é também um serviço em favor dos irmãos. O Evangelho pede que rezemos sem cessar e, como passamos grande parte do dia trabalhando, podemos fazer do trabalho uma oração. Devemos rezar a vida. Com o trabalho, adquirimos ainda o direito de comer o pão e partilhá-lo com os outros.

Para meditar:
"A maneira de conservar a saúde é comer o que não se quer, beber o que não se gosta e fazer aquilo que se preferiria não fazer"
(Mark Twain).

26 de abril

"Não podeis servir a Deus e ao dinheiro"
(Lc 16,13).

"Como devo agir para que o mundo material não sufoque o mundo espiritual?"

A pergunta foi feita a um mestre que vivia pobremente na montanha. Ele explicou: "Tens dois bolsos na calça. Coloca no bolso direito esta frase: 'O mundo não foi feito apenas para mim'. No bolso esquerdo, outra frase: 'Eu não sou nada além de cinza e pó'". Vivemos numa sociedade movida pelo dinheiro. Nada se faz sem ele. O que não podemos permitir é que ele assuma o comando de nossa vida. Os bens materiais são úteis, mas não nos podem dominar.

O dinheiro é um ótimo empregado, mas um péssimo patrão. Ele tem uma tendência à exclusividade, a querer mandar em tudo e em toda a parte. Deixado com rédeas soltas, o dinheiro se torna um ídolo, isto é, um deus falso e tirano.

Para meditar:
"Eis uma prova para saber
se você terminou sua missão na terra:
se você está vivo, não terminou"
(Richard Bach).

27 de abril

> "Perdoa nossos pecados assim como nós
> perdoamos os nossos devedores"
> (Lc 11,4).

Deus faz tudo do seu jeito e seu jeito é ser infinito. Ele é infinito no amor e no perdão. Em contrapartida, ele pede que sejamos generosos no perdão. O Evangelho retoma o assunto inúmeras vezes. E não pede moderação: precisamos perdoar setenta vezes sete vezes. Na linguagem bíblica, isto quer dizer: sempre. E não se trata de um perdão qualquer. Significa perdoar aquilo que é – humanamente – imperdoável.

Do mesmo modo, Jesus pede para amarmos o que não é amável. Perdoar significa dar ao outro o direito de ser feliz. Perdoar significa colocar um ponto final no erro e na culpa. O irmão é sempre maior que o pecado possa ter cometido. Aquele que não perdoa arvora-se em juiz do irmão. No Livro Sagrado, o diabo é definido como o acusador dos irmãos. Já o Espírito Santo, independentemente de nossa condição, é nosso advogado.

Perdoar é um ato de inteligência. E aquele que perdoa recebe, imediatamente, a paz. Na cruz, Jesus perdoou, antecipadamente, a todos: "Pai, perdoai-os porque não sabem o que fazem" (Lc 23,34).

Para meditar
"Deus não cansa nunca de nos perdoar;
nós é que esquecemos de pedir perdão"
(Papa Francisco).

28 de abril

> "O que eu mando é isso:
> amem-se uns aos outros"
> (Jo 15,17).

A doutrina de Jesus é centrada no amor e, por isso, os seus discípulos devem viver a unidade de modo absoluto. A credibilidade dos pregadores deve firmar-se no testemunho de unidade. No entanto, não é isso que vemos. Em nome de Deus se fazem guerras e se condenam inocentes. Um bom exemplo disso são os homens-bombas, uma das figuras mais hediondas de nosso tempo. Detonando uma bomba que carregam junto ao corpo, eles tentam matar o maior número possível de pessoas, sem mesmo saber o nome delas.

De uma maneira mais civilizada, mas também errada, determinados religiosos, em vez de pregar Jesus Cristo, gastam seu tempo tentando provar que outras religiões são falsas, são de Satanás. Na realidade é satânica a atitude daquele que prega o ódio em nome de Deus.

Para meditar:
"Não podemos escolher
como vamos morrer, ou quando.
Podemos somente decidir como vamos viver"
(Joan Baez).

29 de abril

"Sem mim, vocês nada poderão fazer"
(Jo 15,5).

Numa manhã ensolarada, uma aranha construiu sua teia no ramo de uma árvore. Terminada a tarefa, a aranha examinou sua obra com satisfação. Porém, notou na teia um fio inútil e prontamente o cortou. No entanto, tratava-se do fio que unia a teia ao galho da árvore. A teia caiu.

Este fio inútil simboliza a oração em nossa vida. Rezar pode parecer perda de tempo, mas um minuto de oração consegue dar estabilidade a todos os outros minutos do dia. Se julgarmos a oração importante, seremos coagidos a separar algum tempo no decorrer dia para encontrar a Deus, estudar sua vontade e dispor-nos a um dia marcado pela coerência evangélica. Rezar é tão importante para os cristãos quanto o ar que respiram.

Para meditar:
"O importante na vida
não é saber onde estamos,
mas a direção para a qual nos movemos"
(Oliver W. Olmes).

30 de abril

"Não tenham medo,
eu estarei com vocês todos os dias"
(Mt 10,26).

Uma fábula conta a história do rato que vivia escondido, com medo do gato. Mas um mágico o transformou em gato, e aí teve medo do cachorro. Mais uma transformação, e a nova criatura – o cachorro – teve medo da onça. Transformado em onça, começou a sentir medo dos caçadores. O mágico, então, o transformou de novo em rato e explicou: "Nada irá adiantar, você tem a coragem de um rato".

O que o camundongo deveria ter feito era mudar seu coração, transformando o medo em capacidade de lutar. O medo é nosso aliado quando nos adverte do perigo, mas pode nos paralisar.

Na educação, os pais precisam infundir nos filhos a capacidade de lutar. E a fé nos lembra de que não estamos sozinhos na luta... Jesus caminha conosco.

Para meditar:
"As crianças não devem receber a religião;
têm de pegá-la do ambiente,
como se pega o sarampo"
(Paul Claudel).

1º de maio

> "Jacó foi pai de José, o esposo
> de Maria, da qual nasceu Jesus"
> (Mt 1,16).

No auge de um crescente mal-estar no mundo operário, o Congresso Socialista, realizado em Paris, em 1889, declarou a data de 1º de maio como o Dia do Trabalho. Na proposta estavam assinaladas estratégias de luta pela redução da jornada de trabalho, melhores condições de trabalho e melhores salários. O contexto era de luta contra o capital, não excluindo a greve ou meios violentos.

O Papa Pio XII usou, nesta data, como modelo de um trabalhador, o carpinteiro José, esposo de Maria e pai adotivo de Jesus. Foi a maneira de introduzir a dimensão do amor neste mundo conflitivo. E o amor supõe a justiça. Capital e trabalho, direitos e deveres, patrões e operários devem convergir para um fim único. Este fim único é o bem comum de todos.

> *Para meditar:*
> "Estou pronto a me tornar cristão,
> se encontrar cristãos que vivam
> o Sermão da Montanha"
> (Mahatma Gandhi).

2 de maio

> "Lázaro, cheio de feridas,
> estava caído à porta do rico"
> (Lc 16,19).

Jesus viveu numa civilização campesina. Suas parábolas estão cheias de comparações rurais: o pastor e seu rebanho, os lírios do campo, a semente jogada na terra... Seu projeto começava e terminava no amor.

O tempo foi passando e a realidade mudou. Karl Marx viu o mundo da máquina e dos operários oprimidos e mal pagos. Mas o mandamento do amor continuava valendo. Enquanto Marx pregava a revolução, a violência e a luta de classes, o Papa Leão XIII deu-se conta de coisas novas que estavam acontecendo. A Encíclica *Rerum Novarum* – maio de 1891 – lança as bases da Doutrina Social da Igreja, ou seja, justiça social. É o mandamento do amor que se apresenta à porta das fábricas e, com ele, a justiça social. É o velho mandamento do amor dentro de uma situação nova.

> ***Para meditar:***
> "A palavra tem força
> quando acompanhada de obras"
> (Santo Antônio).

3 de maio

> "Estejam sempre alegres,
> rezem sem cessar"
> (1Ts 5,16).

Cada mês tem seu colorido próprio. Janeiro nos desafia a reiniciar, dezembro vem envolvido com as melodias do Natal, o mês de novembro é marcado pela saudade dos que partiram. O mês de maio tem como moldura a ternura. É o mês das flores, o mês das mães, o mês de Maria.

Dentro deste horizonte somos convidados a viver de maneira diferente. Em vez da concorrência e do ativismo, a ternura; em vez da agenda, a beleza das flores e do jardim; em vez da obrigação, a gratuidade do amor. O calendário não pode decidir por nós. Assim, compete-nos assumir esta festa.

Podemos e devemos criar em nossa vida, em nosso lar, momentos mágicos, que permaneçam em nossa história. Não basta existir, precisamos viver. Não basta o trabalho, precisamos também do encantamento. Não basta a atividade, necessitamos também da prece.

Para meditar:
"Sempre existirão flores
para quem quiser vê-las"
(Henri Matisse).

4 de maio

"Peçam e lhe será dado,
batei e a porta será aberta"
(Lc 11,9).

O vento minuano soprava com força ao cair da tarde. Em meio à campina, uma árvore apresentava seus ramos sem qualquer folha. O passante menos informado chegaria à conclusão de que a árvore estava morta. Apesar da desolação, no tronco daquela árvore circulava a seiva que a mantinha viva. Mais algumas semanas e a árvore estaria cheia de folhas e frutos.

Por vezes, a desolação toma conta de nós. É o inverno. Mas a seiva da graça e da esperança continua irrigando nossa vida, preparando um amanhã mais feliz. Depois do inverno, vem a primavera. Em meio às trevas, ao frio, à aridez espiritual, o cristão não deixa de rezar e caminhar. Nenhuma noite é definitiva, nenhum inverno dura para sempre.

Para meditar:
"Voltar atrás é melhor do que
perder-se pelo caminho"
(sabedoria popular).

5 de maio

"Alegrai-vos no Senhor.
Repito: alegrai-vos!"
(Fl 4,4).

A alegria não costuma ser colocada no número das virtudes. Por vezes até parece inoportuna na fé. Na realidade a palavra alegria aparece centenas de vezes na Bíblia. Aparece mais do que a palavra paz. O Reino de Deus é alegria: um rei preparou uma grande festa e convidou a muitos.

São Francisco de Assis é considerado o santo da alegria. Mas sua vida foi difícil, com todo o tipo de dificuldades, não excluindo a doença e a incompreensão. A alegria de Francisco provinha da certeza de ser amado por Deus, em sua pobreza. A alegria era o pano de fundo com que o santo via todas as coisas. Nem o pecado pode nos tirar a alegria, porque Jesus assumiu a natureza humana para perdoar nosso pecado.

Para meditar:
"Um santo triste é um triste santo"
(São Francisco de Sales).

6 de maio

"Se o grão de trigo não morrer, fica só"
(Jo 12,24).

A lógica do Evangelho não é necessariamente a nossa. Aquele que quiser ganhar sua vida vai perdê-la, afirma o texto sagrado. E a tese é ilustrada com o grão de trigo. De um lado a solidão estéril, de outro a morte fecunda. Mas sempre existe um preço a pagar, o preço da renúncia.

É o grão de trigo que aceita ser sepultado no frio, na escuridão e no esquecimento. Mas, num belo dia, o milagre da vida se apresenta por meio de uma pequena haste. É a nova vida que surge carregando consigo a promessa da multiplicação. E o que era derrota se torna vitória. De alguma maneira é reeditado aí o milagre da Ressurreição. É o saber perder, mencionado no Evangelho, que se reverte em ganho. Não uma, mas trinta, sessenta e cem por um. Em vez de um grão egoísta e estéril, o milagre da seara.

Para meditar:
"Dispomos de mais tempo para nós
quando dedicamos mais tempo aos outros"
(Maxwell Maltz).

7 de maio

"Se ressuscitastes com Cristo,
buscai as coisas do alto!"
(Cl 3,1)

Somos um povo de ressuscitados. Um dia, em nosso Batismo, recebemos a semente da ressurreição. Ao longo da vida, de maneira progressiva, precisamos mostrar sinais de ressurreição. A natureza nos ensina a caminhada. Passado o inverno, a árvore se prepara para sua incrível aventura. Primeiro é a seiva que circula, vigorosa e escondida. Depois um minúsculo botão, uma folha, uma flor, um fruto. Isto numa proporção crescente. Finalmente, a floração maravilhosa de uma primavera perfeita. Assim deve ser nossa vida.

O amor, o perdão, a partilha, a ternura, a prece, são sinais de ressurreição, superando o frio do comodismo. Ainda não somos o que seremos, mas uma certeza plena nos acompanha: a ressurreição está no DNA da fé.

Para meditar:
"A cada dia Deus nos dá uma tela nova;
quem escolhe as cores somos nós"
(sabedoria popular).

8 de maio

"Combata o bom combate
com fé e consciência"
(1Tm 1,18).

Na data de 8 de maio é comemorado o Dia de Vitória. Naquele 8 de maio de 1945, os sinos da Europa anunciavam o fim da Segunda Guerra Mundial, com a rendição incondicional da Alemanha. Apesar de todas as esperanças, a paz não chegou. Os conflitos, armados ou não, continuam até hoje.

Na antiguidade clássica existia uma convicção: Se queres a paz, prepara a guerra. As guerras foram preparadas, com armas cada vez mais poderosas, e a paz não chegou. O Papa Paulo VI sugeriu outra frase: "Se queres a paz, prepara a justiça". A força nunca conseguiu criar a paz, a não ser a chamada paz dos cemitérios. Paz supõe justiça, corações desarmados, fraternidade. E esta paz não surge dos tratados: nasce e cresce nos corações.

Para meditar:
"Uma bomba atômica
nas mãos de São Francisco
seria tão inofensiva quanto uma rosa"
(Fulton Sheen).

9 de maio

"Houve uma festa em Caná da Galileia e a mãe de Jesus estava lá" (Jo 2,1).

Muitas datas festivas marcam nosso calendário. Muitas delas com objetivo comercial. As propagandas estimulam a não nos esquecermos de, no segundo domingo de maio, dar um presente à mãe, lembrando aquilo que seria a tarefa do amor. As sugestões de presente variam ao infinito: perfumes, roupas, joias, livros, viagens... Mas tudo que se possa fazer pelas mães ainda é pouco.

Mas o que mais agrada uma mãe é ver os filhos agindo com maturidade. O presente que mais gosta de receber não é uma recordação anual, mas a presença, o carinho dos filhos todos os dias. Assim como atenção no escutar suas orientações. Um conselho de mãe é superior a muitas aulas e a muitos livros.

A mulher, hoje, ocupa várias funções e demonstra ter várias habilidades: é professora, médica, líder comunitária, advogada. Tudo isso é importante, mas seu maior título é o de mãe.

Para meditar:
"Não existe receita para ser uma mãe perfeita,
mas há milhões de maneiras
de ser uma boa mãe"
(Jill Churchill).

10 de maio

> "E Deus viu que tudo era bom"
> (Gn 1,21).

Um dos melhores presentes que os pais podem dar aos filhos é ensiná-los a descobrir a beleza que os rodeia. E os pais podem também reaprender com eles.

Hoje em dia nós desaprendemos a ver a natureza. Tudo é virtual. Os brinquedos são eletrônicos. Os videogames substituíram as brincadeiras e o contato direto com a natureza.

O canto dos pássaros, a flor que desabrocha no silêncio da noite, a fruta que amadurece no galho da árvore, o prazer de uma caminhada no fim da tarde constituem uma moldura para um psiquismo saudável. Mais: a criação é um livro imenso que fala de Deus Pai e criador. A neurose, o estresse, a depressão crescem em ambientes fechados. No entanto, a natureza nos acolhe e embala. O vento, o orvalho, a flor, as aves nos ajudam a louvar o Pai.

Para meditar:
"Louvado sejas, meu Senhor,
com todas as tuas criaturas,
especialmente o Irmão Sol"
(São Francisco de Assis).

11 de maio

"Dai graças em todas as situações,
pois esta é a vontade de Deus a vosso respeito"
(1Ts 5,18).

Deus nos deu a vida e com ela possibilidades infinitas. Ninguém pode dizer: "Consegui tudo o que queria, agora resta o descanso". Também não se pode dizer: "Nada deu certo e, por isso, desisti". Cada novo dia é um desafio para qualificar a vida. Cada novo dia traz a possibilidade de realizar hoje o que não foi possível ontem. Cada dia é uma oportunidade de secar as lágrimas e sorrir. Se algo não deu certo, experimente de novo, com mais cuidado e inteligência. Se alguém não foi sensível aos seus gestos, tente de novo com serenidade. Repita para si mesmo: "Vai dar certo!". A vitória não depende de nós, o que depende de nós é a luta.

Para meditar:
"A vida é uma peça de teatro
que não permite ensaios.
Por isso, cante, chore, ria e viva intensamente,
antes que a cortina se feche e a peça termine sem aplausos"
(Charles Chaplin).

12 de maio

"Um atleta não recebe o prêmio
se não lutou segundo as regras"
(2Tm 2,5).

Educar nunca foi fácil. O primeiro problema familiar aconteceu já no Jardim do Éden, e esse tipo de problema continua acontecendo até hoje. Os conflitos de gerações são inevitáveis.

No campo da educação, os extremos se substituem. Passamos do excessivo rigor para a liberdade total. São os filhos que mandam.

Algumas palavras mágicas podem ser assumidas na arte de educar. A primeira palavra é amor. Sem amor não se educa. Pode-se domesticar. Firmeza é a segunda palavra, e esta parece ser cada vez mais necessária hoje. É o amor exigente. A terceira palavra é diálogo.

Se nada disso der certo, é necessário apelar para o perdão. Depois recomeçar com amor, firmeza e diálogo. O caminho pode parecer difícil, mas não existe outro. Já foi provado que dá certo.

Para meditar:
"O futuro não é um lugar para onde vamos,
mas um lugar que estamos construindo"
(sabedoria popular).

13 de maio

> "O Reino dos céus é como um homem
> que semeou boa semente em seu campo"
> (Mt 13,24).

Sonhar faz parte da natureza do ser humano. Somos incorrigíveis sonhadores e ninguém nos pode tirar o direito de sonhar. Os meios de comunicação exploram o sonho de consumo. Mas, realizado este sonho, o desejo ainda continua.

Somos demasiadamente grandes para sermos plenificados por coisas. Nossos sonhos vão além. Há sonhos que enternecem nossa alma. E estes sonhos não têm preço. Assim, depende de cada um de nós pagar o preço para conquistá-lo. E isso porque sonhar é escolher e, quando escolhemos um caminho, estamos renunciando a todos os outros.

Tenha sonhos, mesmo que pareçam distantes. Sonhar é o primeiro passo da realização. E a cada dia o sonho ficará mais perto. E mesmo que ele não se realize, diga a si mesmo: "Graças a Deus, eu sonhei... graças a Deus, eu tentei".

Para meditar:
"Tive sonhos e pesadelos,
sobrevivi aos pesadelos graças a meus sonhos"
(Jonas Salk).

14 de maio

"É esta a vontade de Deus:
que sejais santos"
(ITs 4,3).

Um lavrador encontrou em seu campo um ovo diferente, maior que os comuns. Levou-o para casa e ele foi chocado por uma galinha. Nasceu um filhote diferente, maior que as galinhas. Vivia com as galinhas, ciscava no pátio e à noite, com medo da raposa, subia no poleiro mais alto. Mas um dia, olhando para uma poça de água, percebeu que era diferente. Não era galinha, mas sim águia. E desajeitado no começo, firmou as asas e, como as outras águias, foi morar no infinito dos céus.

Em alguma etapa da vida, compreendemos que fomos feitos para coisas maiores. No lugar de um pequeno cercado, como as águias, buscamos os espaços. Ninguém de nós já esgotou todas as possibilidades, nem todos os sonhos. Não estabeleça prazos nem horizontes. Simplesmente caminhe para a frente, com audácia e decisão.

Para meditar:
"Arrisque-se! Assim que se aprende a viver"
(Jimmy Carter).

15 de maio

> "Não tenham medo:
> eu anuncio a vocês uma boa notícia,
> que será de grande alegria para todos"
> (Lc 2,10).

A palavra "entusiasmo", em grego, significa cercado por Deus. Já o termo "desanimado", significa sem alma. O entusiasmo é a disposição, a coragem, a certeza em relação aos próprios ideais. É importante que ele esteja presente em todas as etapas da vida.

O escritor Jean Cocteau comenta sobre um dos seus personagens dizendo: "Ele não sabia que era impossível, foi lá e o fez". A história da humanidade está cheia de coisas consideradas impossíveis que foram realizadas por sonhadores. O entusiasta não se deixa derrotar pelo fracasso. Recomeça de maneira mais inteligente. E se morrer sem alcançar seus objetivos, sua vida não terá sido inútil, pois deixou um pouco de luz em seu caminho.

Felizes os que morrem em meio a grandes batalhas.

Para meditar:
> "Se você acha que é possível
> ou acha que é impossível,
> sempre terá razão"
> (Henry Ford).

16 de maio

"Eu chamo vocês de amigos,
porque eu comuniquei a vocês
tudo o que ouvi de meu Pai"
(Jo 15,15).

São poucas as pessoas que podemos considerar amigas. De alguma maneira, o amigo ocupa uma posição acima dos familiares. Nem todos os irmãos são amigos, mas o amigo é um irmão. É alguém que conhece nossa vida e nos aceita com nossas limitações. É alguém que está sempre atento aos mínimos sinais. É alguém que nos fala de nossos erros, com simplicidade e segredo, e nos elogia diante de todos.

Ser companheiro significa repartir o pão conosco. Já o amigo representa muito mais, pois reparte conosco a vida.

Santo Agostinho dizia que um amigo é metade de nossa alma. Todos queremos ter bons amigos, mas isso implica que o sejamos também. A Bíblia garante: quem encontrou um amigo, encontrou um tesouro.

Para meditar:
"As pessoas entram em nossa vida por acaso,
mas não é por acaso que permanecem"
(Frei Luiz Carlos Susin).

17 de maio

> "É mais fácil um camelo
> passar pelo fundo da agulha
> do que um rico entrar no Reino de Deus"
> (Mc 10,24-25).

Anualmente é divulgada a lista dos dez homens mais ricos do mundo. Suas fortunas são avaliadas em bilhões de dólares. Seria mais difícil divulgar a lista dos dez homens mais pobres do mundo. Mesmo porque são bilhões. Do dinheiro se tem dito as melhores e piores coisas. O dinheiro é sagrado quando usado para o serviço, para o pão, para a saúde e para o estudo dos filhos. Mas o dinheiro é infame, sacrílego, quando é mal havido e quando é usado para oprimir.

O dinheiro é um ótimo empregado, mas um péssimo patrão. No Evangelho, a palavra rico é reservada para aqueles que colocam no dinheiro toda sua esperança. Neste caso, o dinheiro ser torna um ídolo, um deus falso e insensível. E a vida dessa pessoa se torna miserável. Francisco de Assis nem sequer se permitia mexer em uma moeda.

Para meditar:
"Ele era tão pobre, tão pobre,
que só possuía dinheiro"
(sabedoria popular).

18 de maio

"Ele não precisava de informações
a respeito de ninguém,
porque conhece o homem por dentro"
(Jo 2,25).

As máscaras eram características do teatro grego. Cada personagem colocava uma máscara correspondente a seu estado de ânimo. Elas simbolizavam o espanto, a tristeza, o ódio, a dor, a alegria. No Carnaval também são usadas máscaras. Mas existem ainda máscaras mais refinadas, que podem ser chamadas de aparências. Estas máscaras objetivam enganar os outros. O maior perigo é quando a pessoa engana a si mesma, achando que a aparência corresponde à realidade. Deus nos vê como somos, com nossas falhas, nossas limitações, nossa boa vontade. Ele nos vê na condição de pecadores, mas nem por isso deixa de nos amar.

Para meditar:
"Os últimos anos da vida são
como o fim de um baile de máscaras,
quando as máscaras caem"
(Arthur Schopenhauer).

19 de maio

> "Deus não enviou seu Filho ao mundo
> para condenar o mundo,
> mas para que o mundo fosse salvo por ele"
> (Jo 3,17).

O filósofo francês Voltaire comentou com ironia: "Assim como Deus criou o homem à sua imagem e semelhança, o homem vinga-se, criando um deus à própria imagem". Costuma-se afirmar, como se fosse algo definitivo: "Deus é um só, Deus é o mesmo". Realmente, Deus é um só, mas se fazem milhares de imagens dele. Algumas delas são imagens que servem ao diabo. João Batista, o Precursor, foi o profeta da ira de Deus. "O machado", dizia, "já está colocado na raiz!" Nesta ótica, Jesus decepcionou, e isso porque nos revelou um Pai cheio de misericórdia. Sua missão não era julgar, mas salvar, e esclarecia: "São os doentes que precisam de médico". Deus detesta o pecado, mas ama o pecador. Ele tem misericórdia infinita. Mas é bom lembrar que o tempo é limitado.

Para meditar:
> "Deus promete a todos e sempre o perdão,
> mas não garante a ninguém o dia de amanhã"
> (Santo Agostinho).

20 de maio

"Um homem prudente construiu
sua casa sobre a rocha;
um homem sem juízo
construiu sua casa sobre a areia"
(Mt 7,24).

Há mais de trezentos anos, um jogador perguntou ao matemático Pascal como poderia calcular as probabilidades de jogadas com dados. A resposta de Pascal determinou o começo da chamada Teoria das Probabilidades. Todos gostamos de calcular as probabilidades e, por isso, jogamos. Apostamos no fracasso e no sucesso, no futebol, na loteria esportiva.

Nossa vida é baseada em probabilidades de algo dar certo ou não. Por vezes, podemos ter sorte ou azar. Mas estes são lances raros. O que funciona melhor que a probabilidade é a lei da causa e consequência. Se eu plantar melancias, colherei melancias; se plantar trigo, colherei trigo, e se nada plantar, nada colherei.

Para meditar:
"A árvore cai para o lado que está inclinada"
(sabedoria popular).

21 de maio

"Senhor, mostra-me teus caminhos, ensina-me tuas verdades"
(Sl 25,4).

Depois de um fim de semana passado na chácara da avó, a mãe perguntou a seus três filhos, que tinham entre oito e onze anos, o que haviam visto de interessante. O primeiro limitou-se a dizer que nada vira de interessante. O segundo referiu-se a um filme da TV. Mas o terceiro falou do nascer do sol, de um ninho de passarinhos com dois filhotes, de um pé de jasmim cheio de flores brancas e perfumadas, de uma fonte de águas limpas.

Assim é a vida. Há quem passe em alta velocidade ou distraidamente. Há quem curta todos os detalhes.

Nosso mundo é massificado. Em vez de olhar pela janela, nos fixamos na TV. Ou no espelho. Consideramos todos os dias iguais, permitindo que a rotina nos tape a visão. Cada dia é um novo dia. Cada manhã é um mundo que está nascendo.

Para meditar:
"Vá em frente. Sempre há uma chance
de tropeçar em algo maravilhoso.
Nunca ouvi falar em ninguém que tropeçasse em algo
enquanto estava sentado"
(Charles Kettering).

22 de maio

"Vocês têm olhos e não veem,
ouvidos e não escutam"
(Mc 8,18).

Uma filha se queixou ao pai que tudo para ela era difícil. Estava cansada de lutar. O pai convidou-a a ir à cozinha. Encheu três panelas de água e colocou-as no fogo. Numa panela colocou uma cenoura, na outra um ovo e na terceira um pouco de pó de café. Cerca de 20 minutos depois, apagou o fogo e examinou os resultados. Com o mesmo fogo, o ovo endureceu, a cenoura amoleceu e o pó, ao contato da água, apresentou um aromático café. E o pai explicou: os três produtos enfrentaram adversidades e cada um deles reagiu de um jeito. O ovo tornou-se mais duro, a cenoura mostrou sua fragilidade, enquanto o pó reagiu de maneira diversa, superando a dificuldade.

Todos enfrentamos dificuldades, mas a diferença está na reação. A dificuldade deve ser encarada, então, como um desafio.

Para meditar:
"O covarde nunca tenta,
o fracassado nunca termina
e o vencedor nunca desiste"
(Norman V. Peale).

23 de maio

"Basta-te minha graça,
pois é na fraqueza
que a força manifesta seu poder"
(2Cor 12,9).

Em nossa oração, temos o direito de pedir que Deus afaste as dificuldades. Seria mais inteligente pedir que ele nos desse mais força para superá-las. Muitas vezes nos entregamos ao fatalismo, imaginando que nada podemos. É uma atitude semelhante à do elefante. Apesar de sua força gigantesca, pode ser mantido preso a uma frágil estaca, pois não tem noção da força que possui. Falta-lhe a coragem para quebrar as amarras da escravidão.

Santo Agostinho, na primeira etapa de sua vida, agia assim. Sentia necessidade de endireitar a vida, mas se achava incapaz. Um dia, ao tomar consciência da vida dos santos e heróis, interrogou-se: "Se tantos e tantas conseguiram, por que não conseguirei também?". Hoje, dizemos: "Se Agostinho conseguiu, eu também posso, com a graça de Deus".

Para meditar:
"Não desanime, muitas vezes a última chave do molho
é aquela que abre a porta"
(sabedoria popular).

24 de maio

"Tudo é possível para quem tem fé"
(Mc 9,23).

Um viajante chegou até um rio caudaloso. Um velho barqueiro ofereceu-se para transportá-lo à outra margem. Com esforço, ia manejando os dois remos. Neles estavam escritas palavras que o viajante não conseguiu ler. O barqueiro explicou: "Num deles está escrita a palavra 'acreditar' e na outra, 'agir'". Explicou sua filosofia: "Se eu não acreditar que é possível passar este rio, vou deixar de agir. Mas se eu não agir, de pouco vai adiantar o acreditar". Era mais ou menos esse o ponto de vista de São Bento. Ele pedia a cada monge que orasse e trabalhasse.

Deus não é desculpa para preguiçosos, por isso, precisamos continuar remando. Por outro lado, a correnteza da vida é muito forte, por isso necessitamos da força de Deus.

Para meditar:
"Eu tive muitas coisas
que guardei em minhas mãos e as perdi.
Mas tudo que guardei nas mãos de Deus
ainda possuo"
(Martin Luther King).

25 de maio

> "Sejam prudentes como as serpentes
> e simples como as pombas"
> (Mt 10,16).

Todos os sentimentos são contagiosos. Uma pessoa mal-humorada contamina um grupo todo. Já uma pessoa feliz e radiosa torna o ambiente agradável.

Ser feliz é um gesto de amor aos outros. Hoje, decida ser feliz. Decida ver apenas as coisas boas, as qualidades de seus companheiros. Aceite cada um, cada uma, como são, com seus defeitos e qualidades. É mais fácil modificar o nosso interior do que modificar os outros.

Há pessoas que carregam o sol dentro de si, assim como há pessoas que anunciam mau tempo e tempestades. Tudo isso é contagioso. A vida é curta demais para ser gasta com azedumes e críticas. E merece ser vivida com intensidade. Ame a si mesmo e os demais, perdoe e aceite as limitações alheias. Assim, será feliz e ajudará aos outros a serem felizes.

Para meditar:
"Aprendi o silêncio com os falantes,
a tolerância com os intolerantes, a gentileza com os rudes;
deveria ser agradecido a estes professores"
(Khalil Gibran).

26 de maio

"Maria partiu, apressadamente,
para as regiões montanhosas"
(Lc 1,39).

A devoção mariana faz parte da identidade católica. Ela se baseia em dois pontos: primeiro, nas monumentais páginas bíblicas do Evangelho de Lucas, quando Isabel chama Maria de "mãe do meu Senhor". O segundo ponto de referência são as aparições de Maria ao longo do tempo. A vida terrena de Maria foi marcada pela simplicidade. Ela só surge nos momentos difíceis: o nascimento, a fuga para o Egito, as bodas de Caná e ao pé da cruz.

Em suas aparições, Maria, mais uma vez, vem em socorro de seus filhos e filhas. Foi assim em Lourdes, em Fátima, em Guadalupe. Foi assim em Caravaggio, norte italiano, em 1432. Quando veio consolar Joaneta, maltratada pelo marido. Esta devoção cresceu entre os imigrantes italianos e seus descendentes que vivem no sul do Brasil. Maria continua repetindo, como em Caná: "Fazei tudo que ele vos disser!".

Para meditar:
"O coração que se eleva, eleva o mundo"
(Elizabeth Leseur).

27 de maio

> "Abençoem os que perseguem vocês,
> abençoem e não amaldiçoem!"
> (Rm 12,14).

Amargurado com os que o cercavam, certo indivíduo foi procurar um mestre. Queria saber como agir, sem se aborrecer. Vivia cercado de pessoas invejosas, que falavam demais, eram ignorantes. E o mestre aconselhou: "Aprenda a lição das flores". E lhe explicou que os lírios crescem num terreno baldio. Eles nascem em terra misturada com esterco, entretanto, são puros e perfumados. Extraem do adubo malcheiroso tudo o que precisam, mas não permitem que a acidez manche o frescor de suas pétalas. Indiferentes aos elementos que os cercam, eles exibem ao sol sua beleza, perfume, cores e esplendor.

Na vida sempre nos queixamos e procuramos culpados e desculpas. É tempo perdido. É mais fácil nos modificarmos do que modificar os outros. É mais inteligente mudar de método: em vez de condenar, abençoar.

Para meditar:
"Não se pode semear de mãos fechadas"
(Adolfo Perez Esquivel).

28 de maio

"Tocamos flauta e não dançastes,
entoamos lamentações e não chorastes"
(Lc 7,32).

Existe uma categoria especial de pessoas que são contrárias a tudo e qualquer coisa. Essas pessoas dificultam a caminhada de uma comunidade. Na realidade, estão de mal com o mundo. E seu mau humor é contagioso. Entre suas recusas está Deus. Para elas, os mandamentos constituem uma ingerência na liberdade humana. Representam um impedimento ao direito de serem felizes.

Em vez de ver nos mandamentos proibições, devemos entendê-los como caminhos de felicidade. Deus é pai e quer que seus filhos e filhas sejam felizes. Apenas isto. Em nome da fé, devemos sempre apoiar as coisas positivas. Formamos a comunidade do "sim" e acreditamos que ser feliz é um dever.

Para meditar:
"Até um relógio parado
está certo duas vezes ao dia"
(Giovanni Papini).

29 de maio

"Os nomes de vocês estão escritos no livro da vida"
(Lc 10,20).

Diante de determinados fatos negativos, as pessoas reagem com fatalismo dizendo que é coisa do destino: uma viagem que não deu certo, um encontro que não aconteceu, uma coincidência. Tudo vai para a conta do destino.

Existe destino? Existe. Todos nós somos destinados a Deus. Mas esta viagem passa pela liberdade humana. Destino não é questão de sorte, mas de escolha. Cada pessoa constrói o seu destino. Com nossas escolhas, estamos construindo a felicidade ou a infelicidade. Quem escolhe o caminho do mal, um dia será vítima do próprio mal; quem escolhe o bom caminho, um dia receberá a recompensa.

Diariamente, somos convidados a escolher se vamos continuar a ser como somos ou se queremos mudar. Mais uma vez, hoje, fazemos esta escolha.

Para meditar:
"Destino não é questão de sorte,
mas de escolha;
não é uma coisa que se espera,
mas que se busca"
(William J. Bryan).

30 de maio

"Nós trabalhamos juntos na obra de Deus,
mas o campo e a construção de Deus
são vocês"
(1Cor 3,9).

Existe na China uma qualidade de bambu que chega a alcançar 25 metros de altura. Depois de plantado o bulbo, nada se vê pelo espaço de cinco anos. Só depois aparece um pequeno broto. Durante quase dois mil dias seu crescimento é apenas subterrâneo. Ele cresce para baixo e vai tecendo uma malha de raízes, para baixo e para os lados. Só depois começa seu vigoroso crescimento na superfície.

Educar é uma arte da paciência. O tempo e a coerência vão tecendo uma base para o resto da vida. Primeiro, é necessário criar raízes, depois surgem as asas. Para criar um carvalho, a natureza demora oitenta anos, no entanto, algumas semanas são suficientes para uma melancia produzir frutos.

Para meditar:
"A todos os homens
é dada a chave das portas do paraíso.
Essa mesma chave
abre também as portas do inferno"
(Richard F. Feynman).

31 de maio

"Os céus a e a terra proclamam
as maravilhas de Deus"
(Sl 19,2).

Vivemos hoje o tempo dos milagres da técnica. Coisas impensáveis são colocadas a nosso dispor. São brinquedos milagrosos que nos deixam pasmos. Porém, não podemos deixar de admirar outras realidades, mais comuns, mas nem por isso menos espetaculares. E esses milagres estão dentro de nós. Nosso coração, por exemplo, é uma máquina maravilhosa, que irriga todo o organismo humano, durante setenta ou oitenta anos. Nossos olhos, mais perfeitos que os melhores equipamentos da TV, superam qualquer grande angular. Nosso olfato é capaz de distinguir entre centenas de perfumes e localizar um que tenha marcado nossa infância. Nossa memória é um arquivo prodigioso. Entendemos isso ao lembrar que somos criados por Deus. Ele, perfeição absoluta, nos criou à sua imagem e semelhança. E nos deu inteligência para continuar sua obra.

Para meditar:
"Senhor, que me deste tanto,
dai-me uma coisa mais:
um coração agradecido"
(George Herbert).

1º de junho

"Aos santos da Igreja de Deus
que está em Corinto"
(1Cor 1,2).

Junho é conhecido como o mês dos santos. Alguns grandes santos são festejados neste mês: Antônio, João Batista, Pedro, entre outros. O termo santo tem dois significados. Santos, na comunidade cristã, são os amigos de Jesus, os que se deixam iluminar pela sua luz. E existem também os santos canonizados pela Igreja, que são os inscritos oficialmente no Cânon, livro oficial da Igreja.

Na primitiva comunidade cristã, era o povo que declarava que alguém era santo. A partir do ano 1000, a Igreja reservou-se este direito. Só é declarado santo, após a morte, quem o foi durante a vida. A santidade é um estado comum, normal, de todos os batizados. Os santos dos altares são nossos modelos. Eles viveram a vocação cristã de uma forma bela.

Para meditar:
"Achar que o mundo não tem um criador
é o mesmo que afirmar que um dicionário
é o resultado de uma explosão numa tipografia"
(Benjamin Franklin).

2 de junho

> "Foi, assim, em Caná da Galileia
> que Jesus começou seus sinais"
> (Jo 2,11).

O extraordinário, o diferente, o inusitado sempre exerceram fascínio no povo. O mesmo se diz sobre o milagre. Para muitos, o milagre é o único sinal de santidade aceito. Vale o contrário: se não há milagre, a pessoa não é santa.

Jesus realizou muitos milagres, mas proibia os favorecidos que divulgassem o fato. Não queria ser conhecido como mágico, como fazedor de milagres. É fácil seguir um líder vitorioso, mas ele queria ser seguido por causa de seu projeto.

O evangelista João nem sequer usou a palavra milagre, preferia dizer sinal. Trata-se de um gesto com um significado preciso.

Com seus milagres, Jesus quis dizer que o mal estava sendo vencido. Não temos obrigação – e possibilidade – de fazer milagres. O grande, o maior dos milagres pedido ao cristão é o amor.

Para meditar:
"O importante não é o sucesso,
mas aquilo que é feito com amor"
(sabedoria popular).

3 de junho

> "Suba até Deus a minha súplica,
> ele escuta minha voz"
> (Sl 77,2).

A vida de todos nós é cheia de surpresas boas e más. Há períodos em que tudo dá certo e outros em que dá tudo errado. Fazemos planos que, por alguma razão, não dão em nada. Diante disso, nossa primeira tentação é desanimar. Às vezes, generalizamos dizendo: "Tudo para mim é difícil".

A atitude mais lógica é recomeçar com mais inteligência. Thomas Edison, o inventor da lâmpada elétrica, fez mais de duas mil tentativas, antes de conseguir o resultado desejado. Um jornalista, um dia, quis saber: "Como o senhor teve forças para superar dois mil fracassos?". A resposta dele foi: "Não fracassei nenhuma vez; cada vez que não dava certo, eu dizia a mim mesmo que havia aprendido algo novo, mas que não era esse o caminho".

O cristão, em suas tentativas, não deve agir sozinho. Ele tem uma parceria com Deus. O homem entra com a ação, Deus entra com a luz.

Para meditar:
"Um pouco de ciência nos afasta de Deus e muita, nos aproxima" (Louis Pasteur).

4 de junho

> "Diga apenas sim, quando é sim,
> e não quando é não"
> (Mt 5,36).

Jesus deixou claro que não é partidário do mais ou menos. Ele sempre se pronunciou com clareza e pedia que os seus discípulos fizessem a mesma coisa. Embora o "não" tenha de ser pronunciado, o "sim" é muito mais iluminado. Há pessoas que permanentemente emitem, através de seu semblante, um não. Jesus pede aos seus uma definição, mas é partidário do sim.

Já as pessoas participativas sempre abrem uma brecha, dizendo: "Vamos dar um jeito... vamos tentar". O discípulo de Jesus deve caracterizar-se pelo "sim" da ternura e do perdão. Jesus deixou claro que ele não veio para julgar, mas para salvar. Assim deve ser entendida a sua Igreja. É a Igreja do "sim". E esta palavra deve estar escrita nos rostos de todos os batizados. É a linguagem do amor, que pode ser exigente, mas é sempre um "sim".

Para meditar:
"Os lugares mais quentes do inferno
são reservados aos que,
em tempo de crise, se mantêm neutros"
(Dante Alighieri).

5 de junho

"Quando vocês veem uma nuvem
vinda do Ocidente,
logo dizeis que vai chover"
(Lc 12,54).

Por vezes vistas com ironia, as previsões da meteorologia ocupam lugar destacado nos jornais, rádios e televisões. Tempo bom, tempo instável, chuvas e trovoadas, possibilidade de geadas ou neve são anunciados. As previsões nem sempre são matemáticas, mas ajudam.

Podemos comparar isso com o comportamento humano. Há pessoas que representam um perene "bom tempo", espalhando alegria por onde passam. Mas existem também aquelas que anunciam sempre mau tempo, chuvas e trovoadas. O bom e o mau tempo estão dentro de nós. E nosso estado de ânimo – bom ou mau – é contagioso. A medicina garante que o mau humor constante é prejudicial à saúde. É ainda mais prejudicial à convivência humana. Esse estado de ânimo constante indica que alguma coisa não vai bem com a pessoa.

Para meditar:
"Se você acha que alguém merece um elogio, faço-o agora,
pois ele não poderá ler a própria lápide
depois de morto"
(Berton Braley).

6 de junho

"Levantai-vos e não tenhais medo"
(Mt 17,7).

A sorte acompanha os que acreditam nela. Uma vez ou outra, a sorte ou o azar surgem inesperadamente, mas na maioria das vezes isso é resultado daquilo que semeamos. As coisas boas acontecem para aqueles que acreditam nelas. Vale também o contrário.

Coloque-se no caminho da sorte. A cada dia, ao acordar, olhe-se no espelho e diga: "Sou uma pessoa de sorte, por isso sou feliz". Além disso, cuide de sua aparência, mantenha-se informado. Saiba que o fato de ter sido malsucedido no passado não significa que isso vá se repetir. Agora tem mais experiência. O que distingue o sábio dos tolos é que o sábio aprende com os erros cometidos.

A confiança em Deus, traduzida em oração, carrega um enorme dinamismo. Comece o dia pedindo ajuda e termine-o agradecendo.

Para meditar:
"Costumam dizer que tenho sorte.
Só sei que quanto mais trabalho,
mais sorte tenho"
(Anthony Robbins).

7 de junho

"O Senhor, que é teu guia,
marchará à tua frente
e não te deixará, nem te abandonará"
(Dt 31,8).

A águia empurrou, com ternura e firmeza, seus filhotes para a beirada do ninho. Ela sentiu a resistência dos filhotes, com medo de caírem. Lá embaixo havia um abismo. Se suas asas não funcionassem, eles morreriam ao bater na rocha. Apesar do medo, a mãe-águia sabia que aquele era o momento. Sua missão estava prestes a terminar. Faltava a tarefa final: o empurrão. Ela se encheu de coragem. Momento depois, seus filhotes planaram felizes pelo espaço. Haviam alcançado a maturidade.

Isto precisa acontecer nas famílias. Há um momento em que os pais devem cuidar para que seus filhos não caiam do ninho. Mas há o momento certo para dar o empurrão.

Educar é dizer "sim" e, também, "não", no momento certo. É fortalecer as asas, mas não voar por eles.

Para meditar:
"Se já tem asas, seu destino é voar"
(Padre Zezinho).

8 de junho

"Bem-aventurados os mortos que morrem no Senhor" (Ap 14,13).

Porque não podemos vencer a morte, preferimos ignorá-la. É considerado de mau gosto falar dela. Quando alguém morre, são providenciados os funerais, feito o sepultamento, e encerra-se o assunto. A vida continua, mas não para todos. Enquanto estivermos vivos, a vida não acaba. Mais ainda: precisamos continuar a ser felizes. A morte deve ser integrada à vida. Não como fatalidade, mas como caminho. Assim como aprendemos a falar, andar, escrever, temos de aprender a envelhecer e a morrer. A melhor maneira de preparar a morte é viver bem o dia de hoje.

A morte deve ser integrada a um projeto único. Pela fé, sabemos que a morte não é a última palavra. A vida continua. E São Paulo lembra: "Vivos ou mortos, pertencemos ao Senhor".

Para meditar:
"O homem fraco teme a morte;
o infeliz chama por ela; o temerário provoca-a;
o homem sensato prepara-a"
(Benjamin Franklin).

9 de junho

"Quem diz amar a Deus
e odeia o irmão, é mentiroso"
(1Jo 4,20).

Numa noite de verão, junto a um pântano, um vaga-lume divertia-se acendendo e apagando sua luzinha verde. Ele não tinha inimigos. Aí surgiu uma cobra, exibindo uma língua desafiadora e olhos malvados. O vaga-lume era de paz e tentou dialogar com a cobra. Foi inútil. Sentindo próximo o fim, ele quis saber: "Por que você quer me destruir?". A cobra foi direta: "Porque você brilha".

A inveja é um dos piores e mais humilhantes vícios capitais. É marcada pela mesquinhez e pelo rancor. Nas primeiras páginas da Bíblia, encontramos Caim matando – por inveja – seu irmão Abel. E o sinal do crime ficou marcado em sua testa. Os dons que possuímos não são nossos, nós os recebemos de Deus e os desenvolvemos para serem repartidos com os irmãos. Então, de certa forma, a inveja atinge até mesmo o Criador.

Para meditar:
"A inveja e o ciúme não são vícios
nem virtudes, mas sofrimentos"
(Jeremy Bentham).

10 de junho

> "Eu o redimi, eu o chamei pelo nome;
> você é meu"
> (Is 43,1).

A civilização grega, uma das mais sábias da antiguidade, estabeleceu como ponto de partida da sabedoria o seguinte princípio: "Conhece-te a ti mesmo". Este princípio foi debatido e assumido por grandes sábios. Agostinho de Hipona comentava que os homens viajavam para conhecer países, ilhas, cidades, mas não conheciam a si mesmos.

A apressada e barulhenta civilização de hoje também não tem tempo para responder a este desafio. Assim, não há chance para uma resposta efetiva.

Jesus Cristo veio revelar nossa grandeza e nosso destino. A pessoa humana é sagrada, e ainda que pratique algo errado nada a fará perder sua dignidade. Para percebermos nossa grandeza, basta nos lembrarmos de que o Filho de Deus morreu para nos salvar.

Para meditar:
"Conhecer a si mesmo
é a mais difícil das artes"
(Sócrates).

11 de junho

> "Pai Santo, que eles sejam um
> assim como nós somos um"
> (Jo 17,12).

Nos últimos anos ganhou força a bandeira do ecumenismo. Trata--se do esforço das Igrejas cristãs em busca da unidade. Razões históricas, a partir de contextos políticos, criaram separações. Hoje existem milhares de religiões que têm como referência Jesus Cristo. O saudoso Papa João XXIII pedia que o caminho da unidade fosse tentado, não a partir das divergências, mas a partir dos pontos comuns. Em nome da verdade muito se discutiu, fomentou-se o ódio, fizeram-se guerras. Mas, em nome do amor, nada disso deve continuar a acontecer. O ecumenismo só progredirá se partir de corações dedicados à oração. Não podemos considerar-nos inimigos, mas irmãos. E para isso é necessário deixar que o Espírito Santo ilumine nossa mente e nosso coração.

> *Para meditar:*
> "O que vale na vida não é o ponto de partida
> e sim a caminhada.
> Caminhando e semeando,
> no fim terás o que colher"
> (Cora Coralina).

12 de junho

> "Você guardou o bom vinho até o fim"
> (Jo 2,10).

O luar e o amor jamais envelhecem. São velhos como o mundo, mas incrivelmente novos. A cada noite o luar é diferente, navegando em meio a divinas harmonias. E o amor acaba de nascer. E não tem prazo de validade nem é privilégio de determinada idade. Mesmo assim, quantas definições, quantas diferentes compreensões a respeito desse sentimento. O horizonte no qual podemos fixá-lo é Deus. Deus é amor e todo amor que mereça este nome é reflexo de Deus.

O amor é o mais divino dos sentimentos humanos. Para os cristãos, o amor matrimonial é engrandecido pelo sacramento. Dentro desta lógica, o namoro é um gesto sagrado, que encaminha a esse sacramento.

São Valentim e Santo Antônio são padroeiros deste sentimento e deste dia.

> **Para meditar:**
> "O amor não tem idade,
> está sempre nascendo"
> (Blaise Pascal).

13 de junho

"Eu te louvo, ó Pai,
porque escondeste estas coisas aos sábios e as
revelaste aos pequeninos"
(Mt 11,25).

Santo Antônio é português porque nasceu em Lisboa, é italiano porque morreu em Pádua, e é universal por ser venerado em todo o mundo. Nasceu em 1195 e morreu em 1231, com apenas 36 anos. Discípulo de São Francisco, ambicionava o martírio na África, mas a providência fez dele um grande pregador na Itália e França.

Santo Antônio pode ajudar a reencontrar coisas perdidas. E é também o protetor dos namorados e dos casamentos, que precisam ser construídos sobre a rocha. É ainda o santo do pãozinho bento, que deve ser partido e partilhado.

Discípulo missionário do Senhor, entre outros títulos, ele mereceu ser chamado de Martelo dos Hereges e Arca do Testamento.

Para meditar:
"Se cada um dos seus dias
for uma centelha de luz,
no fim de sua vida
você terá iluminado o mundo"
(Thomas Merton).

14 de junho

"Eu sou o Caminho, a Verdade e a Vida"
(Jo 14,6).

Há pessoas que ficam na periferia da vida cristã. Sua fé gira ao redor de novenas, orações matemáticas, devoções, missa dominical... Tudo isso é importante, mas de alguma maneira secundário. Jesus Cristo deve ser o centro de nossa fé. Ele não diz conhecer o caminho, mas ele mesmo é o Caminho. Ele não veio nos ensinar algumas verdades, mas ele é a Verdade. E veio nos trazer Vida em plenitude.

A vida cristã deve estar voltada para a adorável pessoa de Jesus Cristo. A partir daí, assumimos com alegria seu projeto. Nossa relação com ele é pelo caminho do amor. O amor não contraria a obrigação, apenas lhe dá sentido. Crer é encantar-se com a pessoa de Jesus, depois, só depois, amaremos seu projeto.

Para meditar:
"Jesus Cristo é o melhor que temos na Igreja
e o melhor que podemos oferecer
à sociedade moderna"
(José A. Pagola).

15 de junho

"Esconde os meus pecados
e apaga minha culpa"
(Sl 51,11).

É impressionante o número de vezes que os Evangelhos e o próprio Jesus falam do perdão. Isso nos dá um duplo entendimento: perdoar é muito importante e também muito difícil. A dimensão do perdão passa por três estágios. O primeiro é o perdão que Deus sempre nos oferece. Ele perdoa setenta vezes sete. O Salmo 50 diz que ele apaga nosso pecado. O segundo estágio é o do perdão aos irmãos. Seremos julgados na mesma medida em que julgarmos. Por fim – em terceiro lugar – devemos perdoar a nós mesmos. Somos criaturas humanas. Aceitar nossos erros, nosso passado, é recuperar a paz. Perdoando-nos aprenderemos a perdoar o próximo. E ganharemos novo vigor na caminhada.

Para meditar:
"Perdoar é devolver ao outro
o direito de ser feliz"
(Jorge Luiz Brand).

16 de junho

"Se vocês se mordem e se devoram,
tomem cuidado, vocês vão acabar se destruindo"
(Gl 5,15).

Senhores do mundo, os romanos antigos inventaram uma justificativa para suas conquistas: "Se queres a paz, prepara a guerra". Para eles, a única paz possível era a do inimigo vencido. Um cuidadoso levantamento revela que, nos últimos cinco mil anos de história, apenas 292 foram relativamente tranquilos. Foram pequenas ilhas de paz em meio a 14 mil guerras, que mataram milhões de pessoas.

Coube ao século XX inaugurar a Guerra Mundial, uma guerra feita para acabar com todas as guerras. Mas a paz não chegou.

A paz bíblica – o *shalon* – é a plenitude de todas as bênçãos do Senhor. O termo aparece 239 vezes na Bíblia e significa: bem-estar, felicidade, saúde, segurança e relações sociais equilibradas. E também denota harmonia com si mesmo e com Deus. O Papa Paulo VI modificou o tal lema romano: "Se queres a paz, prepara a justiça".

Para meditar:
"Aprendemos a voar com os pássaros,
a nadar como os peixes,
mas não aprendemos a viver com os irmãos"
(Martin Luther King).

17 de junho

"Felicidade e amor me acompanham
todos os dias de minha vida"
(Sl 23,6).

A palavra milagre está associada a realidades diversas. Falamos do líder que realizou milagres; falamos dos milagres da técnica e dos milagres da natureza. O sentido mais comum do milagre situa-se no campo religioso que implica a superação de uma lei física. O milagre impressiona porque acontece uma ou poucas vezes. O Sol não nos impressiona porque aparece todos os dias. Nós – criaturas humanas – somos milagres do amor de Deus. O escritor Og Mandino coloca na boca de Deus estas palavras: "dei-te o poder de querer; dei-te o poder de amar, dei-te o poder de orar". O segredo está nas escolhas, insiste Mandino: "escolhe curar em vez de ferir, escolhe amar em vez de odiar, escolhe dar, em vez de subtrair, escolhe abençoar em vez de amaldiçoar". O homem que faz estas escolhas é o maior milagre do mundo; é o autor do seu milagre.

Para meditar:
"É apenas com o coração
que se pode ver direito;
o essencial é invisível aos olhos"
(Saint-Exupéry).

18 de junho

> Fica conosco, Senhor,
> pois já é tarde e a noite vem chegando
> (Lc 24,29).

Em nossas preces é mais comum pedirmos que agradecermos. Pedimos saúde, sucesso, paz, proteção, perdão... Porque somos pobres, temos o direito e o dever de pedir. No entanto, Deus sabe melhor do que ninguém o que precisamos. Conhece o caminho, as circunstâncias que nos trarão felicidade. A vontade dele é que sejamos felizes.

Deus nos ensina a pedir o pão de cada dia, mas não podemos ser eternos mal-agradecidos. Desse modo, devemos também agradecer, pois isso enternece o coração do Pai e nos habilita a novos favores. Agradeçamos, então, pela vida, pela fé, pela família, pelo perdão, pelo amor incondicional. Obrigado, Senhor!

Para meditar:
"Se conquistar algo de bom por si mesmo,
esqueça.
Mas, se receber de outrem alguma coisa,
jamais esqueça!"
(Joan Miró).

19 de junho

> "Maria escolheu a melhor parte,
> que não lhe será tirada"
> (Lc 10,42).

Na segunda viagem de Cristóvão Colombo à América, em 1493, os marinheiros espanhóis ofereceram aos índios pequenos espelhos, objetos que eram desconhecidos para eles. Em troca, pediram pepitas de ouro e diamantes, que usavam como adornos. No Livro do Gênesis, lemos que Esaú cedeu seu valioso direito de primogenitura ao irmão Jacó, em troca de um prato de lentilhas.

Ao longo da vida, sempre procuramos a felicidade. Os espelhos e o prato de lentilhas simbolizam a felicidade ilusória. No decorrer da vida, somos constantemente convidados a fazer escolhas e, muitas vezes, algo que promete a felicidade acaba não correspondendo ao que esperávamos. Corremos em busca de coisas sem valor e deixamos de lado os verdadeiros tesouros. Maria escolheu a escuta do Mestre, a melhor parte.

Para meditar:
"Devemos orar
como se tudo dependesse de Deus,
e agir como se tudo dependesse de nós"
(Gilbert Chesterton).

20 de junho

"Um rei, devendo viajar,
chamou seus empregados e lhes confiou seus bens"
(Mt 25,14).

O Evangelho fala de um rei que, antes de sair em viagem, confiou a um empregado cinco talentos – moeda equivalente a treze quilos de ouro –, a outro deu dois talentos e, ao terceiro, um talento. Não lhes disse o que fazer com tais valores. Ao regressar da viagem, pediu que lhe prestassem contas. Os dois primeiros foram recompensados pelo esforço. O terceiro, porém, enterrou o talento recebido.

Todos nós recebemos de Deus talentos. E esses talentos destinam-se a ser partilhados com os outros. Mas o egoísmo faz com que algumas pessoas enterrem seu talento, recusando-se a partilhá-lo. E muitas encontram até argumentos para justificar essa atitude. O resultado disso, porém, é uma vida sem sentido e sem satisfação.

Os dons são muitos e precisamos descobri-los. E esta descoberta passa pelas necessidades observadas nas nossas comunidades.

Para meditar:
"Deus a ninguém deu todos os talentos,
nem deixou ninguém sem talentos.
E isso para que aprendamos a partilhá-los"
(Santa Catarina de Sena).

21 de junho

"Um homem tinha dois filhos. Disse a um deles: "Vai trabalhar na minha vinha". Ele disse que não ia, mas depois foi" (Mt 21,28).

A linguagem de Jesus era simples e direta e conserva ainda hoje impressionante atualidade. Jesus narra no Evangelho a história de um homem que tinha dois filhos. À ordem do pai, o primeiro filho disse que não ia trabalhar e depois foi, e o segundo disse que ia, mas não foi.

Isso deve nos fazer entender que a oração diária tem que estar em concordância com o que fazemos durante o dia. De nada adianta orar de manhã, se passamos, depois, todo o dia como pagãos. De nada adiantam belos templos e belas celebrações, se os critérios do Evangelho não brilharem no nosso cotidiano. A oração deve ser, então, uma norma para a ação.

Para meditar:
"Há três caminhos para o fracasso:
não ensinar o que se sabe,
não perguntar o que se ignora
e não praticar o que se ensina"
(Venerável Beda).

22 de junho

> "Pai, perdoai-os
> porque não sabem o que fazem"
> (Lc 23,34).

Dois monges atravessavam um riacho de águas aumentadas pela chuva. Um escorpião debatia-se num redemoinho e um dos monges estendeu um dedo para salvá-lo. O escorpião picou a mão que o salvava, causando fortes dores. Imediatamente, o monge devolveu-o à água. Chegando à margem, com o auxílio de um caniço, salvou o escorpião, sob o protesto do outro monge: "Ele é mau, deveria morrer!". Foi a vez de o primeiro monge explicar: "Este é o meu método, diferente do agir do escorpião".

A maturidade humana se revela quando a pessoa age, em vez de reagir. O agir parte de um projeto de vida, de um método de relacionamento humano, enquanto reagir é aceitar o jogo do adversário. Jesus, no alto da cruz, perdoou seus algozes, desculpando-os: "Eles não sabem o que fazem". Este é o método dele.

Para meditar:
> "Pagar o bem com o mal é diabólico;
> pagar o mal com o mal é humano;
> pagar o mal com o bem é divino"
> (sabedoria popular).

23 de junho

"O Espírito socorre nossa fraqueza"
(Rm 8,26).

Uma mãe estava preparando um bolo para o aniversário da filha. Houve um movimento desajeitado e o doce – verdadeira obra de arte – caiu no chão, desconjuntando-se. Inicialmente ela quis jogar tudo fora. Depois, pensou melhor. Ajuntou os pedaços, acrescentou creme de chocolate e em cada pedacinho colocou uma cereja. "Isto é melhor que um bolo", comemorou a filha, sem saber do ocorrido.

Muitas vezes nossos projetos se esfarelam. E a primeira tentação é abrir mão de tudo. Mas a iniciativa mais inteligente é recomeçar de outra forma. E muitas vezes, a segunda tentativa acaba se revelando melhor que o projeto original. Podemos perder batalhas, mas não a guerra. Nunca devemos desistir.

Para meditar:
"Há mais pessoas que desistem
do que pessoas que fracassam"
(Henry Ford).

24 de junho

"Eis a voz daquele que clama no deserto:
preparai o caminho do Senhor"
(Mt 3,3).

Na pequena e montanhosa aldeia de Ain Karin, perto de Jerusalém, foi acesa uma grande fogueira. O sinal luminoso indicava o nascimento de uma criança. Seu pai era idoso e a mãe estéril. Seu nome: João Batista, o precursor de Jesus.

A Igreja festeja os santos no dia de sua morte, que é quando nascem para Deus. Há algumas exceções: Jesus – no Natal –, a Natividade de Maria e o nascimento de João Batista, o maior de todos os profetas.

A fogueira de São João comemora este fato. Ela anunciava aquele que seria Luz do mundo. João foi o último dos profetas: anunciou o nome do Senhor e denunciou o mal, sobretudo dos poderosos. Isso lhe custou a vida e o introduziu na glória.

Para meditar:
"Recusamos a cruz de Cristo
porque ela é carregada nos ombros
e não na lapela"
(Francis Jammes).

25 de junho

"Ninguém pode servir a dois senhores"
(Lc 16,13).

Um casal, jovem e pobre, olhava com insegurança o futuro. Certo dia, bateram à porta da casa. Eram três homens e, embora desconhecidos, foram convidados a entrar. Seus nomes: Sucesso, Amor e Fartura. Eles explicaram que não poderiam entrar ao mesmo tempo, mas só um por vez. "Vamos convidar a Fartura", sugeriu a esposa, "e nossos problemas estarão resolvidos". Já o marido optava pelo Sucesso. Depois de certa hesitação, decidiram: "Vamos convidar o Amor".

O Amor entrou e com ele entraram também o Sucesso e a Fartura. Caso tivessem convidado um dos outros dois, os restantes também teriam ido embora. Mas o Amor nunca entra sozinho. Sucesso e fartura não garantem a felicidade. Só o amor dá significado e realização a uma vida. O céu é a cidade do amor.

Para meditar:
"Guarde uma semente na terra
que a terra lhe dará uma flor"
(Khalil Gibran).

26 de junho

"Quem receber esta criança em meu nome,
estará recebendo a mim"
(Lc 9,48).

O Menino do Dedo Verde, livro infantojuvenil de Maurice Druon, faz pensar no Pequeno Príncipe. O personagem principal é Tistu, um menino especial que faz nascer flores com seu polegar. Um de seus professores, o Senhor Trovões, em certa ocasião pergunta-lhe o que é mais importante na cidade. O menino responde que é o jardim. O Senhor Trovões explica que a coisa mais importante é a Ordem, que pode ser visualizada na Prisão, embora admita que ela não torna seus habitantes mais felizes ou melhores. A solução, imagina Tistu, é transformar a prisão num imenso jardim, cheio de fontes, pássaros e flores.

Plante uma flor onde houver tristeza, desânimo e fraqueza. A flor da ternura, do benquerer e da esperança pode transformar o mundo num jardim.

Para meditar:
"Onde não há amor, semeia o amor
e um dia colherá o amor"
(São João da Cruz).

27 de junho

"Toda árvore boa dá bons frutos,
a árvore má dá maus frutos"
(Mt 7,18).

Após o jantar, como fazia todos os dias, um jovem pai colocou-se diante do televisor. Na sequência haveria noticiário, novela e futebol. Depois de esgotar todas as tentativas de chamar sua atenção, a filha partiu para o ataque direto: "Pai, por que você fica olhando estas figurinhas na TV? Não vê que eu sou real?".

A vida é feita de escolhas. Optar por certas coisas significa abrir mão de outras. No caso citado, o pai desligou o aparelho e deu toda a atenção à filha. Este momento era importante, e talvez não fosse possível recuperá-lo. E o pai fez o que devia fazer.

Mas alguns pais esquecem que seus filhos são reais.

Da mesma forma, há patrões que esquecem que seus empregados são humanos, têm sentimentos. Isso vale para políticos, professores, sacerdotes.

Para meditar:
"Ninguém é tão grande que não possa aprender;
ninguém é tão pequeno que não possa ensinar"
(sabedoria popular).

28 de junho

"Se queres, podes curar-me"
(Mc 1,40).

Querer é poder. Esta é a posição do voluntarismo clássico. Esta também é a promessa dos motivadores. É verdade que a pessoa traz dentro de si reservas imensas, que podem não ser acionadas. Mas é certo que existem limites que sozinha a pessoa não consegue superar. A lepra era o terror do mundo antigo. Além de incurável, era vista como castigo, maldição divina. O Evangelho fala de um leproso que, rompendo todas as convenções, chegou perto de Jesus e o desafiou: "Se queres, podes curar-me!". E a cura aconteceu.

Nossas raízes são pecaminosas, garante por experiência própria o rei Davi. Diante de tentativas frustradas, nós, como discípulos de Jesus, devemos entregar o problema a Deus. "Minhas forças acabaram, Senhor. Tu podes tudo, cria em mim um coração novo".

Para meditar:
"Não existe nenhum pecador no mundo
a quem Deus não conceda misericórdia"
(São Francisco de Assis).

29 de junho

"Simão, quando você tiver voltado para mim,
confirma os teus irmãos"
(Lc 22,32).

Os quatro evangelistas, ao citarem os apóstolos, começam sempre por Pedro. É o líder do grupo, com posições definidas, embora nem sempre corretas. Ele garante ao Mestre: "Ainda que os outros te traiam, eu nunca te trairei". E ele traiu por três vezes, mas soube recomeçar e tornou-se o primeiro papa, o sucessor de Cristo, e recebeu o poder das chaves.

É sobre esta pedra que é construído o novo Povo de Deus. É o milagre da Igreja, uma nau sempre acossada pela tempestade, mas que não afunda. Frágil, porque humana. Eterna, porque divina. O segredo de Pedro foi o amor. E este amor levou-o a suplantar o erro e tornar-se coluna da Igreja. É o seu poder – presente no papa atual – que confirma os irmãos na fé.

Para meditar:
"O amor à verdade ensinou-me
a beleza do compromisso"
(Mahatma Gandhi).

30 de junho

> "Esse homem é um instrumento que escolhi
> para anunciar o Evangelho aos pagãos,
> aos reis e ao povo de Israel"
> (At 9,15).

Pedro e Paulo são as colunas da Igreja. Saulo – seu nome original – pertenceu ao grupo dos fariseus e perseguiu os discípulos de Jesus. Uma vez conquistado por Cristo, tornou-se o maior dos apóstolos, apóstolos dos gentios. Pedro simboliza a instituição, e Paulo, a missão. De forma decidida, anunciou a Boa-Nova a tempo e fora de tempo. São duas faces da mesma Igreja.

A partir dos Atos e das suas cartas pastorais, chega-se à conclusão de que Paulo andou, a pé ou de barco, pelo menos 28 mil quilômetros. Sua influência foi tanta, que alguns historiadores chegaram a considerá-lo o fundador da religião cristã. De perseguidor passou a perseguido; de observador da lei passou a pregar apenas Jesus Cristo crucificado.

Para meditar:
"Para fazer esquecer nossas faltas aos olhos do mundo
são necessárias torrentes de sangue,
mas junto de Deus basta uma lágrima"
(François Chateubriand).

1º de julho

"Os discípulos estavam cheios
de alegria e do Espírito Santo"
(At 13,52).

A mudança faz parte da lei da vida. Tudo que não se renova, morre. A natureza nos ensina: depois da noite vem o dia, depois do inverno vem a primavera, depois da juventude vem a idade adulta. Passam os séculos, os anos, os dias e as horas. E assim também nossa vida.

Quando tem início o segundo semestre do ano, damo-nos conta da incrível rapidez do tempo. As 24 horas, os 1.440 minutos de cada dia voam. Se não forem aproveitados, ficam perdidos para sempre. Não existe uma "poupança" onde guardar o tempo.

Dizemos que o tempo passa. Na realidade, nós é que passamos. Já é meio-dia, já são 17 horas, já é meia-noite. É a hora exata de mudar. É a hora de apressar o passo, pois o tempo é breve. É hora de mudar. Mas, se decidirmos mudar, é inteligente que seja para melhor.

Para meditar:
"Os sonhos de ontem
são as esperanças de hoje
e podem converter-se em realidade amanhã"
(sabedoria popular).

2 de julho

"Um homem construiu sua casa sobre a areia,
vieram as chuvas e a casa caiu"
(Mt 7,27).

Um casal de pássaros construiu seu ninho num pé de roseiras, bem perto do chão. O jardineiro viu e tratou de destruir o ninho. Teimosos, os pássaros refizeram o ninho e lá depositaram três pequenos ovos. Quando estavam chocando, um animal predador destruiu o ninho e comeu os ovos. Aconteceu o previsto, pois o ninho fora construído muito baixo, muito perto do chão.

O Evangelho fala da construção sobre a areia. Construir num galho mais alto é abrir-se para a graça de Deus. Arquitetura humana e divina, o casamento precisa da graça divina. Esta graça não elimina chuvas e ventos, mas garante a estabilidade do lar. Assim, o namoro e o noivado constituem tempos para planejar o casamento no galho mais alto da árvore, bem pertinho do céu.

Para meditar:
"Amar não é apenas olhar um para o outro,
mas sim olhar juntos na mesma direção"
(Saint-Exupéry).

3 de julho

"Que a saúde se difunda sobre a terra"
(Eclo 38,8).

Com alguma simplificação, o povo afirma: "Importante é a saúde, o resto a gente ajeita".

Nosso Deus é o Deus da vida e, por isso, a saúde é importante para a existência, dando-lhe qualidade. Em latim, a palavra *salus* é traduzida para o português com dois termos diferentes: saúde e salvação. A saúde relaciona-se com o corpo, a salvação visa à alma. São duas dimensões próximas e necessárias. Mais que recuperar a saúde, é inteligente prevenir a doença. Gestos simples como lavar as mãos, comer e beber com moderação, evitar o fumo, reservar algum tempo para caminhar, qualificam a vida.

Mas não podemos esquecer a outra dimensão: a salvação. A vida continua, mesmo depois da morte. A saúde é importante, assim como a salvação. Elas caminham juntas. Jesus veio redimir todo o homem e o homem todo.

Para meditar:
"Deus nos criou sem nossa colaboração,
mas sem esta ele não nos salvará"
(Santa Catarina de Sena).

4 de julho

> "Os muitos pecados serão perdoados
> porque ela muito amou"
> (Lc 7,47).

Investir no amor é, com toda a segurança, a iniciativa mais promissora. Os meios de comunicação insistem neste investimento. Compre joias e perfumes para a pessoa amada. Compre uma casa na praia para a família, faça uma viagem de sonhos pelo mundo. Se o amor fosse apenas isso, o mundo seria injusto, pois estaria reservado aos ricos. A realidade amor tem, na verdade, mil definições.

O amor de verdade é aquele que, de alguma maneira, se inspira em Deus, que é amor. Amar alguém é tentar realizar o sonho que Deus planejou para ele. Amar não é querer ser feliz, mas querer fazer feliz o outro. Investir no amor, especialmente no núcleo familiar, é a aposta mais segura. O amor não exclui ninguém e carrega consigo a disposição de perdoar.

Para meditar:
"Dai-me, Senhor,
a perseverança das ondas do mar,
que fazem de cada recuo
um ponto de partida para um novo avanço"
(Gabriela Mistral).

5 de julho

"Os discípulos estavam a caminho
e Jesus ia na frente"
(Mc 10,32).

Determinada corrente educacional insiste que não se pode dizer "não" à criança. Isto causaria nela um trauma e seu amadurecimento seria bloqueado. A criança é um ser em formação e precisa ser educada. Precisa aprender que há limites, que há direitos e deveres. Ela não está sozinha no mundo e precisa ser educada para viver em comunidade. Sem ser repressivos, pais e educadores devem estar dispostos a dizer "sim" e "não".

Amar um filho não é deixá-lo fazer o que quer, mas ajudá-lo a desenvolver todas as suas potencialidades físicas, morais, intelectuais e religiosas. É o amor exigente, capaz de dizer "sim" e "não". Capaz de mostrar os erros e, sobretudo, elogiar os acertos. E diálogo é fundamental para distinguir o certo do errado.

Para meditar:
"A bondade,
mais do que qualquer outra coisa,
desarma as pessoas"
(Henri Lacordaire).

6 de julho

"E Jesus crescia em sabedoria, estatura
e graça diante de Deus e dos homens"
(Lc 2,52).

Uma criança, à noite, ao pé da cama, assim rezava: "Senhor, faze de mim um aparelho de televisão, para que meus pais me tratem assim como eles tratam a TV. E para que olhem para mim com o mesmo interesse que olham para ela. Especialmente quando minha mãe assiste à novela e meu pai ao esporte. Gostaria de ver mamãe se admirar de mim como ela se admira quando vê a última moda na tela. E que meu pai risse comigo como faz quando os artistas contam suas piadas. Gostaria que meus pais me dessem tanta atenção quando eles dão ao televisor. Pai do céu, se tu me transformasses num televisor, eu, novamente, teria pais e poderia me sentir feliz. Amém".

Para meditar:
"O que faz com que sejamos pais e filhos
não é o sangue, mas o coração"
(Graham Greene).

7 de julho

> "Eis que eu estarei convosco
> todos os dias até o fim do mundo"
> (Mt 28,20).

Na Índia existe um impressionante Livro Sagrado. Compõe-se de 728 páginas escritas na pedra. Cada página é uma laje de pedra de uma tonelada, esculpida de alto a baixo. Este livro se estende por uma milha ao longo da Montanha Dourada.

Na Bíblia lemos que Deus deu ao Povo de Israel uma lei esculpida na pedra. Foi o Decálogo. Esculpir em pedra traz o significado de eternidade. As tábuas foram promulgadas para sempre. Essas leis não foram escritas apenas na pedra, mas também no coração do homem. Os mandamentos não foram inventados por Deus. Ele revelou aquilo que já está em nossos corações. Os mandamentos sinalizam o caminho da felicidade. Deus é pai e criador e seus sinais estão presentes em toda a Criação. Estamos cercados pelo sagrado.

Para meditar:
"Acho impossível
que um indivíduo contemplando o céu
possa dizer que não existe um Criador"
(Abraham Lincoln).

8 de julho

"És tu aquele que deve vir
ou devemos esperar por outro?"
(Lc 7,19).

A história da humanidade está cheia de sonhos messiânicos. Explorando a boa-fé e a ingenuidade das pessoas, figuras carismáticas despertam as esperanças de um grupo e depois desaparecem. É normal que a desconfiança atingisse os discípulos de João Batista. Poderia ser mais uma ilusão. E Jesus aponta as obras por ele realizadas. Seu Reino é uma boa notícia para todos, especialmente, para os últimos da sociedade. Pois para ele não existem excluídos.

Jesus teve de pagar um alto preço por seu profetismo. Ele mesmo foi excluído e levado à morte na cruz. Mas a palavra final ainda não fora dita. A Ressurreição é a prova definitiva disso. Como Pedro e os apóstolos, dizemos: "Para onde iremos, Senhor? Só tu tens palavras de vida eterna".

Para meditar:
"Sois da raça eleita, sacerdócio real,
nação santa e povo de sua
particular propriedade"
(São Pedro, Apóstolo).

9 de julho

"O Senhor me guia pelos bons caminhos,
por causa do seu nome"
(Sl 23,3).

O amanhecer é, possivelmente, o momento mais bonito do dia. Depois da densa noite, aos poucos a luz vai se impondo até o sol explodir no horizonte, como uma bola de fogo. O amanhecer é a vitória da luz sobre as trevas, a vitória da alegria sobre a tristeza, da certeza sobre a dúvida. O salmista fala em acordar a aurora. Há pressa para este momento incomparável.

Cada amanhecer nos fala da Ressurreição de Jesus. É um convite a continuarmos a criação do mundo. É nos colocarmos a caminho, sabendo que muitos vão precisar de nós. É repetir como o profeta Isaías: "Aqui estou, envia-me". Deus precisa – neste novo dia – de nossos braços, de nossas palavras, de nossa caminhada para salvar o mundo.

Para meditar:
"A cada manhã devemos proclamar:
'Obrigado, Senhor, porque nasci de novo'"
(sabedoria popular).

10 de julho

> "Naquela região havia pastores
> que passavam a noite no campo,
> cuidando do rebanho"
> (Lc 2,8).

Dois são os momentos mais solenes do dia: o amanhecer e o entardecer. A manhã é cheia de festa, o entardecer é marcado pelo agradecimento e pela saudade. As cores, aos poucos, desaparecem e o silêncio que se faz é um convite à reflexão. Em tempos passados, os sinos anunciavam esses dois acontecimentos com o toque da Ave-Maria. Iniciamos o dia cheios de projetos e sonhos. O que fizemos deles?

Por outro lado, a noite e o sono são espaços do divino. A Escritura fala muitas vezes em sonhos cheios de significado e mistério. O anoitecer também lembra que caminhamos para o ocaso da vida. É um dia que terminou e que nunca mais voltará. Mas existe o outro lado: a noite não é definitiva, as trevas também serão vencidas e as luzes voltarão a iluminar o universo.

Para meditar:
"Todo o homem é culpado
pelo bem que não fez"
(François M. Arouet Voltaire).

11 de julho

"Tomando os sete pães os abençoou
e deu aos seus discípulos para que os distribuísse à multidão"
(Mc 8,7).

O milagre da multiplicação dos pães foi um dos que mais impressionaram os discípulos de Jesus. Os quatro evangelistas narram o fato e cada um deles apresenta diferentes detalhes. Ajuntando todas as narrativas, é possível construir três teorias. A primeira posição é a do fatalista: que mandaria embora a multidão, pois não haveria pão suficiente para todos. Uma segunda posição parte do dado econômico: seriam necessários 300 denários para dar um pedaço de pão a cada um. Surge, então, a solidariedade, que corresponde à terceira posição. Resolveu-se o problema e sobraram doze cestos, que foram recolhidos.

No momento atual, não faltam recursos econômicos para alimentar a todos, mas sim solidariedade. O homem não sabe nem quer repartir. E não recolhe as sobras. Celebrar a Eucaristia é comprometer-se a partilhar.

Para meditar:
"Não basta juntar as mãos em prece,
é preciso abri-las aos irmãos"
(Théodore Ratisbonne).

12 de julho

"Combati o bom combate,
terminei minha carreira, guardei a fé"
(2Tm 4,7).

A vida não é necessariamente uma caminhada em linha reta. Há curvas, desvios, barreiras. Em muitas situações é preciso recomeçar, até mudar de caminho. Tudo vai bem, mas surgem imprevistos. Uma das tentações é desistir de lutar e admitir que perdeu. A alternativa é recomeçar. Recomeçar com mais inteligência, com mais vontade. Desistir nunca.

O conquistador espanhol Fernão Cortez, diante das gigantescas dificuldades encontradas no Novo Mundo, quis saber dos marinheiros se eles estavam dispostos a continuar a luta. Diante da resposta positiva, ele mandou queimar os navios. Não havia mais alternativa: era vencer ou vencer! E a história diz que ele venceu. Ele acreditou no seu sonho e o realizou.

Para meditar:
"Para aprender a nadar
é preciso tirar os dois pés do chão"
(sabedoria popular).

13 de julho

"Mas todos, um a um,
começaram a dar desculpas"
(Lc 14,18).

Sem muita dificuldade, podemos elaborar um tratado geral das desculpas. Podemos até arranjar uma desculpa para cada dia do mês. É uma maneira discreta de dizer não. Seria mais decente declarar: "Tenho compromissos maiores, mais prazerosos". Na verdade, não queremos assumir nem temos coragem de sustentar nossa posição. Escondemo-nos atrás das desculpas. Com isso, pretendemos justificar-nos perante os outros. E acabamos por enganar a nós mesmos.

Um dia Deus não irá aceitar nossas desculpas. Somos responsáveis por tudo o que fazemos ou deixamos de fazer. Existe uma lógica inflexível: o que semearmos iremos colher. A semente é escolha, mas a colheita é consequência.

Para meditar:
"Quando tomamos uma decisão,
aparentemente,
todas as forças do mundo
se unem para nos dar razão"
(Paulo Coelho).

14 de julho

> "Agora vemos como em espelho
> e de maneira confusa"
> (1Cor 13,12).

Uma lenda fala de uma mulher de certa aldeia que foi buscar água na fonte. Quando se debruçou sobre a fonte, viu uma maçã maravilhosa no fundo da água. Imediatamente estendeu o braço e tentou agarrar a maçã, mas ela desapareceu. Recuou um pouco e a fruta voltou a exibir sua beleza. Tentou de novo e a maçã tornou a desaparecer. Decidida, resolveu secar a fonte. Isto foi feito e não havia fruta nenhuma. Desiludida, ia voltar para casa com o balde vazio, mas, ao erguer os olhos, viu que a fruta existia no alto de um galho.

Todos nós queremos ser felizes, mas nem sempre sabemos onde buscar a felicidade. Podemos procurá-la na lama do poço ou, então, olhar para o alto. A felicidade existe. Se não a encontramos até hoje, é porque precisamos buscá-la em outro lugar.

Para meditar:
"Fizeste-nos para ti, ó Deus,
e nosso coração permanecerá sempre inquieto
até não repousar em ti"
(Santo Agostinho).

15 de julho

"No tempo da colheita,
o patrão mandou seus empregados para receber os frutos"
(Mt 21,34).

O poeta indiano Tagore afirma que cada criança que vem a este mundo carrega consigo o potencial de uma canção, que ele pode cantar ou não. Na caminhada da vida, muitas pessoas se questionam: "Que canção vim cantar e que ainda não cantei?". É uma canção única, cujo segredo é individual. Ou é cantada por determinada pessoa ou se perde para sempre.

A vida começa cheia de promessas e esperanças. A magia da canção que vai nascer nos atormenta, mas resolvemos deixá-la para depois. Uma etapa da vida é substituída por outra. Por vezes, o remorso aflora, mas alegamos que estamos em tempo. A vida vai fluindo e a canção não é cantada. É possível que até nunca seja cantada. Felizmente, outras pessoas não agiram assim e, por isso, temos *A divina comédia*, a *Nona Sinfonia* e a *Pietá*...

Para meditar:
"Quatro coisas não voltam para trás:
a pedra atirada, a palavra dita,
a ocasião perdida e o tempo passado"
(sabedoria popular).

16 de julho

"Não imiteis suas ações,
pois eles falam e não praticam"
(Mt 23,3).

A data de 16 de julho de 1950 jamais será esquecida pelos esportistas brasileiros. No Maracanã, recém-inaugurado, 173 mil torcedores foram festejar a conquista da Copa do Mundo. Era a partida final, e um empate já serviria. Além disso, o adversário era o Uruguai. Mas, no fim do jogo, uma tragédia: Uruguai 2 e Brasil 1. Onde estava a falha? O Brasil achava que era o melhor!

Em 1912, o navio Titanic afundou na viagem inaugural. Os construtores tinham certeza de que era o melhor do mundo, que nunca afundaria. Desejar ser o melhor é um direito, imaginar que se é o melhor é uma perigosa ilusão. No futebol – e na vida – é preciso ter muito cuidado com o "já ganhou".

Para meditar:
"Precisamos admitir aquilo
que somos, para um dia,
quem sabe, tornar-nos aquilo que desejamos"
(Santo Agostinho).

17 de julho

> "Eis que faço novas todas as coisas "
> (Ap 21,5).

Um dia alguém quis saber como era a rosa. O caminho mais fácil era dar-lhe uma ou muitas rosas. O caminho mais inteligente era dar-lhe um pequeno rebento de roseira. Pois, seria necessário plantá-lo, cuidar dele, perceber seu lento crescimento, a primeira folha, o botão, enfim a rosa. Aí, sim, esse alguém saberia o que é a rosa.

As lojas oferecem coisas prontas, práticas, mas que impedem a alegria da descoberta. No entanto, a vida não vem pronta. O aprendizado é difícil, nos enganamos e, por vezes, nos entristecemos. Quando vemos que nada do que tentamos deu certo, recomeçamos. Mas não recomeçamos do mesmo ponto. O insucesso nos mostra como não fazer determinada coisa. E a próxima tentativa será, então, mais madura.

Só não podemos falhar quando estivermos tentando pela última vez. Mas daí corremos o risco de desistir no momento em que a vitória está próxima.

> *Para meditar:*
> "Tudo o que hoje é fácil,
> um dia foi difícil"
> (sabedoria popular).

18 de julho

"Um homem colocou os alicerces de uma torre
e não foi capaz de acabar"
(Lc 14,29).

Dinheiro, sexo, glória e arrogância marcaram a vida daquele que foi, possivelmente, o maior de todos os lutadores de boxe: Mike Tyson. Conhecido como "máquina demolidora", acumulou todos os títulos possíveis. Mas sua vida não foi feliz. Sua infância transcorreu na pobreza do Brooklin e aos 11 anos foi para o reformatório. Pobre, doente e confinado numa prisão, Tyson admitiu: "Ninguém me ama e não amo ninguém".

Esta aí configurada a maior tragédia possível. Nascemos para amar e ser amados e, quando isso não acontece, abre-se o caminho sem volta da solidão. Cada um de nós tem sua história, e a última palavra não foi dita. Nunca é tarde para recomeçarmos. Essa é a grande lição, a grande chance que se abriu para o ladrão crucificado ao lado de Jesus. O tempo de Deus é hoje.

Para meditar:
"Não perca a esperança.
Se não fosse pelo último minuto,
muitas coisas não teriam acontecido"
(sabedoria popular).

19 de julho

> "Peçam e lhes será dado,
> procurem e encontrarão,
> batam e a porta se abrirá"
> (Lc 11,9).

Um devoto de Santo Antônio atravessava momentos difíceis. E por isso achou-se no direito de solicitar ao santo uma graça: ganhar na loteria esportiva. Todos os dias fazia o mesmo pedido. O tempo passava, a graça não era obtida e, naturalmente, eram cada vez maiores as cobranças do devoto. Numa noite, em sonho, o santo apareceu e explicou-lhe que estava querendo ajudar, mas recomendou: "Por favor, dê-me uma oportunidade, compre um bilhete de loteria!".

Este fato reflete certa mentalidade religiosa. As pessoas querem que Deus faça tudo o que compete a elas. O modo de Deus agir passa, quase sempre, pelas mediações naturais. Por sermos pobres, temos o direito de pedir a Deus, mas nunca antes de termos feito a nossa parte. Podemos sempre esperar dele luzes para que busquemos as melhores soluções.

Para meditar:
"O caminho mais curto é tentar mais uma vez"
(Thomas Edison).

20 de julho

> "Jesus colocava sua mão sobre os doentes
> e os curava"
> (Lc 4,40).

Problemas, dificuldades e desafios que nos atingem não são necessariamente um mal. Tudo depende de como encaramos estes fatos. Podem representar um tropeço ou servir de degrau para crescermos.

É das grandes quedas que os rios extraem sua energia. O mesmo pode acontecer com as pessoas. Demóstenes, o maior orador da antiguidade grega, foi desafiado pelas suas deficiências. Por ser gago, colocava pequenos seixos na boca e, em frente ao mar, ia vencendo seu desafio. Hoje, apesar de nos lembrarmos de seu problema de fala, admiramos sua determinação. Existe uma situação oposta. Há os que nasceram em meio à riqueza e à facilidade, mas afundaram na mediocridade. Não foram acostumados à luta e deixaram de fazer história.

Para meditar:
"A civilização avança
tangida pelas tempestades"
(Arnold Toynbee).

21 de julho

> "Não faço o bem que eu quero
> e pratico o mal que não quero"
> (Rm 7,19).

Uma das frases mais surpreendentes do apóstolo Paulo refere-se à sua condição de pecador. Ele deixa claro: "Querer o bem está a meu alcance, não, porém, praticá-lo". Assim é nossa vida. Somos pecadores, mas pecadores amados por Deus. O pecado, que Deus não quer, pode tornar-se elemento positivo na caminhada.

Pedro, que negou o Mestre, tornou-se o primeiro papa. Santo Agostinho, que teve a primeira etapa da vida marcada pelo mal, soube iniciar nova caminhada. O pecado mostra a necessidade que temos da graça divina. A encarnação só pode ser entendida nesse sentido. O Filho de Deus veio para reconciliar-nos com Deus. É ainda Paulo que pede: "Deixai-vos reconciliar com Deus. Nossa salvação depende de Deus, mas ela passa pelo nosso sim".

Para meditar:
"A cada segundo começa
para nós uma vida nova"
(Jerome K. Jerome).

22 de julho

> "Se vocês plantarem uma árvore boa,
> seu fruto também será bom"
> (Mt 12,33).

Semear é um das maiores alegrias do mundo. Semeamos trigais, semeamos amor, semeamos a fé. A semente tem poderes inimagináveis. Numa pequena fenda da rocha, uma semente teimosa germina, cresce e produz uma flor. O semeador semeia sonhos e esperanças. O Mestre nos indica que não precisamos cuidar muito do tipo de solo. É preciso semear. Podemos semear com as mãos, com as palavras e com o coração. E não nos devemos preocupar com o resultado daquilo que semeamos. Deus tem paciência infinita e nos ensina a esperar.

Ainda que leve dias ou anos, a teimosia da semente irá nos surpreender. E se nós não semearmos, haverá quem semeie o joio. E mesmo sem joio, a terra não cultivada se enche de ervas selvagens.

Para meditar:
"Os filósofos limitaram-se a interpretar
o mundo de diferentes maneiras;
o que importa é modificá-lo"
(Karl Marx).

23 de julho

"Basta-te minha graça,
porque é na fraqueza
que se revela a minha força"
(2Cor 12,9).

Um vendedor de uma multinacional foi enviado para um país africano. Sua missão: vender calçados. Dias depois regressou e, num relatório, informou à direção da empresa que não havia qualquer possibilidade de vender calçados: todos andavam de pé no chão.

Alguns meses depois, a empresa enviou outro vendedor. Logo mandou um relatório dizendo que as possibilidades eram ótimas. Toda a população era cliente em potencial: todos andavam de pé no chão. A realidade era a mesma, diferente era a visão dos vendedores. Um via as dificuldades, o outro as possibilidades. A dificuldade não pode ser ignorada, mas deve servir de degrau para crescermos. Uns se programam para perder, outros para vencer. Uns são partidários do comodismo, outros da luta. Para vencer na vida, é necessário ter um projeto e acreditar nele.

Para meditar:
"Consulte não os seus medos,
mas suas esperanças"
(João XXIII).

24 de julho

"O Reino é como a pessoa que espalha semente na terra.
Depois ela dorme e a semente
vai crescendo sem saber como"
(Mc 4,26).

Em qualquer atividade os problemas surgem. Num primeiro momento, ficamos abalados, depois começamos a tentar encontrar respostas. O tempo costuma ser bom conselheiro, mas não podemos adiar indefinidamente a solução.

Por sofrer forte dor de dentes, um senhor marcou hora com o dentista. Mas sempre, pouco antes do horário combinado, mandava a secretária telefonar para cancelar a consulta e marcar nova data. E esta data também acabava cancelada. E o dente continuava doendo.

Um empresário tinha em sua mesa três gavetas. Numa delas escreveu: resolver em tempo. Na outra: resolver com tempo. E na terceira: o tempo resolve. Precisamos resolver um problema por vez. E o primeiro a ser solucionado é aquele que mais nos perturba. Cada decisão nossa tem um preço. É preciso aceitar pagar esse preço.

Para meditar:
"Reflita com lentidão,
mas execute rapidamente suas decisões"
(Isócrates).

25 de julho

"Que aconteça o que vocês acreditam.
E os olhos deles se abriram"
(Mt 9,29-30).

Os índios Miskitos, nas Honduras, têm um costume recebido dos antepassados e que não pretendem abandonar. Algumas vezes na vida – não mais de quatro – têm o direito de mudar de nome. E ao mudarem de nome, apesar de algumas confusões, sepultam o passado. É um novo nascimento, e eles deixam de ter responsabilidade sobre o passado.

Não temos como mudar o passado, ele é definitivamente nosso, mas podemos iniciar uma nova vida. O Evangelho nos garante que é possível recomeçar sempre. E aponta exemplos: o cego começa a ver, o surdo, a ouvir, o paralítico, a andar, a mulher adúltera recupera a dignidade e o filho da viúva de Naim volta à vida. Mais ainda: os pecados são perdoados. Esta é a lógica de Jesus. Podemos e devemos recomeçar cada dia.

Para meditar:
"Irmãos, comecemos hoje,
porque até agora pouco ou nada fizemos"
(São Francisco de Assis).

26 de julho

> "Os pais de Jesus iam todos os anos
> a Jerusalém para a festa da Páscoa"
> (Lc 2,41).

A ressurreição de Jesus aconteceu no primeiro dia da semana. A partir daí, os discípulos começaram a se reunir neste dia para celebrar a Eucaristia. Era o Dia do Senhor. Hoje, na sociedade plural em que vivemos, o Dia do Senhor perdeu muito do seu significado.

Há três dimensões a serem priorizadas no domingo: descanso, vida familiar e oração comunitária. Durante a semana, nosso tempo é corrido. No domingo, temos o direito de descansar e usufruir de algum lazer. A vida familiar hoje está fragilizada, até pela própria falta de tempo. Assim, o domingo deve ser um tempo de gratuidade, de estar juntos, de diálogo.

Deus nos dá todo o tempo, então, é justo que reservemos uma hora semanal para um encontro com ele e com os irmãos de fé. E esta hora pode mudar toda a nossa semana.

Para meditar:
"A Palavra de Deus criou o universo;
você pode ler essa Palavra
em todas as páginas da criação"
(Nelso Malacarne).

27 de julho

"Conforme o seu costume,
Jesus, no sábado, entrou na sinagoga
e levantou-se para fazer a leitura"
(Lc 4,16).

A oração é indispensável à vida do discípulo de Jesus. Se não respirarmos, morreremos. Sem oração, nossa fé perde o vigor. Em nossa vida, devem existir dois momentos especiais: a oração diária e a oração dominical.

A oração da amanhã supõe o começo de um dia marcado pela fé; à noite, agradecemos. Na oração dominical, partilhamos a palavra e o pão e assumimos critérios cristãos para a semana. É importante, para os esposos e para os filhos, que na família exista uma oração comum.

O Concílio Vaticano II diz que a família é uma pequena Igreja. E os filhos têm direito de ver os pais rezando em comum. Os pais são os primeiros catequistas e a família é a mais importante escola de oração.

Para meditar:
"A Igreja é o povo.
É preciso unir estes dois conceitos:
Deus e o povo simples"
(Dom Paulo Evaristo Arns).

28 de julho

> "Ao vê-la, o Senhor teve compaixão
> e disse: não chore!"
> (Lc 7,13).

Dificilmente alguém admite que é inteiramente feliz. Pequenas nuvens sempre toldam o céu da felicidade. Há pessoas que, por um mecanismo qualquer, não aceitam ser felizes. Ou, então, que colocam a felicidade no passado ou a projetam para um futuro que nunca chega.

"A felicidade existe", garante um poeta. Ela está onde a colocamos. Mas nunca a colocamos onde estamos.

Se pararmos para observar, veremos que existem bons motivos para sermos felizes. O primeiro deles é a certeza de que Deus nos ama e que jamais deixará de nos amar. A experiência nos garante que fazer a felicidade dos outros é também uma maneira de sermos felizes. A tristeza partilhada diminui, a felicidade partilhada aumenta.

Para meditar:
"Não existe um caminho para a felicidade.
Felicidade é um modo de caminhar"
(Mahatma Gandhi).

29 de julho

"Se alguém te obriga a caminhar uma milha,
caminhe com ele duas milhas"
(Mt 5,41).

A doutrina do Mestre é exigente. Ele pede que seus discípulos escolham o último lugar, que tomem a cruz de cada dia, que perdoem sempre. Ele pede que caminhem uma segunda milha. Uma lei obrigava os judeus a carregarem a bagagem dos romanos, invasores, por uma milha. Faziam isso de má vontade e não davam um passo a mais. Jesus pede que caminhem não mais a milha da obrigação, mas a da generosidade.

O Cristianismo não é a religião da obrigação, mas do amor. O escravo obedece porque, caso contrário, seria castigado. O discípulo, porque é filho, trabalha por amor. Ultrapassa o território da lei, caminha na generosidade. Ele não se limita ao mínimo necessário, mas opta pelo máximo possível. Não caminha apenas a milha da obrigação, mas acolhe a milha da gratuidade.

Para meditar:
"O mal não pode vencer o mal.
Só o bem pode fazê-lo"
(Leon Tolstói).

30 de julho

"Jesus disse a Pedro:
'Eu te darei as chaves do Reino do céu:
tudo o que tu ligares na terra, será ligado nos céus'"
(Mt 26,19).

"Mais 30 anos e a Igreja terá desaparecido." A profecia foi feita por um sucessor de Constantino, Juliano apóstata. Foi repetida pelo filósofo pagão Celso. "Mais alguns anos e ninguém mais falará de Cristo", garantiu o escritor francês Voltaire. O Iluminismo decretou o fim da religião, a Revolução Francesa instituiu a deusa Razão. "Quantas divisões tem o Papa?", perguntou irônico o ditador Stalin. A Igreja sobrevive a todos eles e reza por todos. Possivelmente esta seja a profecia mais intrigante da história: "Tu és Pedro e sobre esta pedra edificarei a minha Igreja e o poder do mal nunca poderá vencê-la".

Santa e pecadora, a Igreja navega em meio às ondas, mas ela não submerge porque é guiada pelo Espírito Santo. Embora a Igreja Católica seja a instituição mais criticada nos meios de comunicação, nas pesquisas aparece como a mais confiável.

Para meditar:
"Ser cristão é andar na contramão;
um dia o mundo perceberá que esta era a via preferencial"
(sabedoria popular).

31 de julho

"Não tenha medo, pequenino rebanho,
pois o Pai tem prazer em dar-vos o Reino"
(Lc 12,32).

Um dia perguntaram a Jacques Maritain: "A crise da Igreja não te assusta?". Ele respondeu: "Que ingenuidade falar de crise na Igreja! Ela nasceu na grande crise da Sexta-Feira Santa, no Calvário, e continuará em crise até o fim do mundo. A primeira etapa da Igreja foi passada nas catacumbas e na arena dos leões. Depois vieram os bárbaros, os filósofos iluministas, os intransigentes da Revolução Francesa e, por fim, o marxismo. Como se não bastasse isso, houve a traição, o comodismo e a fraqueza de muitos de seus filhos.

Mas a Igreja não é só isso. É a Igreja dos santos, dos heróis, dos mártires. É a Igreja do povo simples e bom. É a Igreja de Jesus, O mal ocupa as primeiras páginas dos jornais, enquanto o bem, com esmagadora presença, não precisa de trombetas. A palavra final da história não será do mal, mas do bem. Será o fim da crise.

Para meditar:
"Os poderosos poderão ceifar uma,
duas, três rosas;
mas não poderão deter a primavera"
(Che Guevara).

1º de agosto

"Noites e dias, bendizei ao Senhor"
(Dn 3,71).

O tempo é um dom, um presente de Deus. Por algumas razões, é atribuída a certas datas e dias uma conotação negativa. É o caso do número 13, da sexta-feira e do mês de agosto. Talvez seja uma tática para fugir da responsabilidade. É mais cômodo atribuir a fatores externos algo que só depende de nós. Sorte e azar podem acontecer uma ou outra vez. É mais inteligente pensar em causa e efeito. Aquilo que semeamos vamos colher.

A sexta feira, o dia 13 ou o mês de agosto são datas iguais às demais. Nós é que as transformaremos em momentos de sorte ou azar. Pelas estatísticas, está provado que os acidentes, as coisas negativas ou positivas acontecem todos os dias. Começar o dia orando é uma maneira de pedir a Deus que nos ilumine e cuide de nós.

Para meditar:
"Escreva em seu coração:
cada dia é o melhor do ano"
(Ralph Valdo Emerson).

2 de agosto

> "Jesus disse a Simão e André:
> 'Sigam-me eu farei de vocês
> pescadores de homens'"
> (Mc 1,17).

Agosto é o mês vocacional. Vocação é um chamado de Deus que supõe uma resposta. Vocação é diferente de profissão. Vocação é uma maneira de ser e agir, enquanto a profissão limita-se ao fazer.

No mês de agosto comemoram-se algumas das principais vocações na Igreja, Povo de Deus. Em cada fim de semana é lembrado um tipo de vocação: o padre, o pai, os religiosos, os diversos ministérios leigos não ordenados, especialmente a catequese. Não há vocações melhores. Todas são excelentes porque partem de Deus. O que vai distinguir cada vocação é a intensidade com que é vivida. Todas as vocações têm como objetivo o serviço. É o serviço que dá dignidade às vocações, profissões e a toda a vida humana.

Para meditar:
"O futuro é daqueles que acreditam
na beleza dos seus sonhos"
(Eleanor Roosevelt).

3 de agosto

"Eis que faço novas todas as coisas"
(Ap 21,5).

A vida é um eterno recomeçar. Não se pode ficar amarrado ao passado, por melhor que ele tenha sido. Também não se pode deixar que o passado, por mais doloroso que tenha sido, condicione e paralise o presente. Precisamos ter sempre presente que é preciso continuar. Os antigos já diziam: "Águas passadas não movem moinhos".

O grande orador grego Demóstenes, depois de fragorosa derrota diante dos persas, desafiava: "Se eu soubesse que vocês empregaram todo o esforço, toda a capacidade, toda a inteligência, todo o ardor, não insistiria; mas vocês ainda não deram tudo o que poderiam dar e, por isso, eu os exorto a empunhar novamente as armas". E a história conta que os atenienses viraram o jogo e venceram. A derrota ficou esquecida, a vitória tornou-se definitiva.

Para meditar:
"Três certezas nos acompanham:
a certeza de que recém estamos começando;
a certeza de que é preciso continuar;
a certeza de que podemos ser interrompidos antes de terminar"
(Fernando Sabino).

4 de agosto

"Sê para os fiéis um modelo na palavra,
na conduta, na caridade, na fé e na pureza"
(1Tm 4,12).

O velho Simeão profetizou que Cristo seria sinal de contradição. Isto acontece também com o padre. Sua missão é indispensável na caminhada do Povo de Deus. Administrador do sagrado, carrega consigo a fraqueza de todos os irmãos. Indispensável à caminhada do Povo de Deus, por vezes é ignorado e ridicularizado. Ele que enxuga toda lágrima, nem sempre encontra uma mão amiga para afagá-lo. Antes de ser padre, é um batizado. E não é padre para si, mas para o Povo de Deus.

São João Maria Vianney é o padroeiro dos padres. Intelectualmente limitado, foi mandado para uma pequena e quase abandonada paróquia na França. E a pequena cidade de Ars tornou-se um centro irradiador da vida cristã. Bondade e zelo foram suas marcas.

Para meditar:
"O exemplo torna irresistíveis as palavras
que empregamos para convencer"
(Franklin Delano Roosevelt).

5 de agosto

> "Pediram a Jesus um sinal do céu,
> para pô-lo à prova"
> (Mc 8,11).

Os meios de comunicação não cansam de divulgar o extraordinário. Para o povo, o milagre é sinal de santidade. O próprio Jesus foi desafiado a mostrar sinais do céu. Ele tinha poder para isso, mas não quis ser conhecido como mágico, milagreiro, tanto que proibia que seus milagres fossem divulgados. A Ressurreição foi seu grande e definitivo sinal.

Ele continua sinalizando a vida dos seus, pela Igreja e pela Palavra. Seus sinais estão presentes em toda criação e nos acontecimentos da história. Tudo isso é percebido pela fé. Quando Jesus devolveu a vida a Lázaro, seus adversários tramaram matar a ambos.

Os discípulos de Jesus são convocados para o maior dos milagres: o amor mútuo, e também a responder o ódio com o amor.

Para meditar:
"Para o que tem fé, o milagre é desnecessário;
para o que não crê, nenhum milagre convence"
(sabedoria popular).

6 de agosto

> "Jesus ensinava com autoridade
> e não como os doutores da lei"
> (Mc 1,22).

A vida é um eterno aprendizado. Todos queremos ser aceitos e amados. Mas isso nem sempre acontece e, por vezes, atribuímos tal fato à má vontade dos outros. Quem sabe não é melhor experimentar outros métodos! Fale, sorria para as pessoas, chame-as pelo nome. Mais ainda: seja amigo, cordial, saiba elogiar nos momentos certos. É importante também ter sensibilidade no sentido de respeitar sentimentos e opiniões diferentes. Não goste apenas por interesse e inclua o perdão em seu modo de agir.

A semente, uma vez semeada, certamente germinará. Mas não tenha pressa na colheita. Enquanto isso, continue semeando. E se os resultados não aparecerem, seria bom questionar os métodos.

Para meditar:
"Há pessoas que falam e nem as escutamos;
há pessoas que nos ferem
e não deixam cicatrizes,
mas há pessoas que aparecem em nossas vidas
e nos marcam para sempre"
(Cecília Meireles).

7 de agosto

"Jesus colocou-se no meio dos seus
e disse: 'A paz esteja convosco!'"
(Lc 24,36).

Envelhecido, amargurado, parecendo um mendigo, um senhor bateu à porta de um convento franciscano. E quando o porteiro perguntou o que desejava, disse: "Quero a paz". Tratava-se do imortal Dante Alighieri, de *A divina comédia*, o homem que desceu aos infernos e subiu aos céus.

Nosso mundo também está em desesperada procura pela paz, e poucos a encontram. Muitos apostam nas drogas, no dinheiro, no sexo, na glória, mas sentem seu coração vazio. Dariam todas as riquezas para ter a desejada paz. No entanto, só podemos buscar a paz onde ela existe.

No Natal, os anjos anunciaram a paz. As primeiras palavras do Senhor ressuscitado foi no sentido de desejar a paz. Quando as buscas se revelarem frustrantes, por que não buscar a paz em Deus?

O *shalon* é a plenitude da paz e das bênçãos do Senhor.

Para meditar:
"Você não encontrará paz em lugar nenhum
se não a descobrir em seu coração"
(sabedoria do popular).

8 de agosto

"Pais, não deem aos filhos motivo de revolta,
criem os filhos educando-os e corrigindo-os
como quer o Senhor"
(Ef 6,4).

O Dia dos Pais nasceu nos Estados Unidos, em 1909, por iniciativa de Sonora Luise, tendo como objetivo homenagear seu ídolo, o pai. Hoje virou uma data universal, alavancada pelo comércio, comemorada no Brasil no segundo domingo de agosto.

No entanto, a homenagem ao pai deve ser feita enquanto ele está vivo. Mais do que qualquer presente, o que mais ele gostaria é de ver a vida modelar dos filhos.

Neste mês a Igreja, mais que os pais, lembra a paternidade responsável. E isso implica não só gerar o filho, mas também educar na fé. O pai tem o privilégio de desenhar na vida de seus filhos a imagem de Deus. Quando, pela primeira vez, alguém fala a eles de Deus, explica que ele é Pai. Assim, eles se socorrem da figura do pai terreno para chegar ao conceito de um Pai no céu.

Para meditar:
"Pai não é apenas para um período, por um tempo;
pai é para sempre"
(sabedoria popular).

9 de agosto

> "É tua face, Senhor, que eu procuro,
> não me escondas tua face!"
> (Sl 27,8).

Um índio da floresta amazônica foi levado por um amigo para visitar a cidade de São Paulo. Em meio ao ruído dos carros, poluição, propagandas luminosas, gente correndo, ele observou: "Ouço o canto de um grilo". E para espanto do seu guia, dirigiu-se a uma pequenina praça, onde estava o grilo. E o índio explicou: "Para mim é fácil, eu conheço a floresta, para você deve ser mais difícil. Possivelmente você escutaria o tilintar de uma moeda caindo no chão".

No passado, muitos iam ao deserto para escutar a voz de Deus. É possível escutar a voz de Deus em toda a parte, desde que nos acostumemos a ela. Nossa santidade deve ocorrer no coração do mundo, desde que não nos deixemos converter por ele.

Para meditar:
"Se fosse possível observar claramente
o milagre de uma única flor,
toda a nossa vida se transformaria"
(Buda).

10 de agosto

"Minha casa é casa de oração;
vós fizestes dela um covil de ladrões"
(Mc 11,17).

Vivemos hoje a religião do lucro. A cada semana surgem centenas, milhares de novas religiões. Cada um se sente autorizado a fundar a sua religião, uma religião para o seu consumo e para atrair fregueses. O produto é mais do que duvidoso, mas as facilidades compensam. Nessas religiões são dispensados os cursos de preparação, aceitam-se casamentos de segunda ou terceira união, não se têm obrigações, exceto a de ofertar o dízimo. A teologia destas novas Igrejas é confusa. Algumas dizem: Deus sim, Cristo não. Outras dizem: Cristo sim e Igreja não. Dessa forma, sem preocupações com a verdade, com a comunidade, fazem destes templos negócios rendosos.

O próprio Cristo chamava a atenção para os lobos vestidos com pele de ovelha e para os mercenários. É preciso ter cuidado com uma religião que tudo permite.

Para meditar:
"Não importa que Deus não esteja a meu lado;
o que espero ardentemente
é estar ao lado dele"
(Abraham Lincoln).

11 de agosto

"Desde a infância
você conhece as Sagradas Escrituras;
elas têm o poder de comunicar a sabedoria"
(2Tm 3,15).

Os pais são os primeiros catequistas, os primeiros evangelizadores dos filhos. A família, como acentua o Concílio Vaticano II, é a Igreja doméstica. De certa maneira, os pais são os sacerdotes desta Igreja. Tudo o que acontece na comunidade eclesial deve acontecer na família. A oração, a leitura da Palavra Sagrada, o perdão, a ação de graças devem se fazer presentes, e o horizonte de tudo será uma vida iluminada pelo mandamento do amor. A oração comum deve ter seu lugar definido.

Os filhos aprendem pela palavra dos pais e pelo exemplo. A família é a primeira e melhor escola de oração e de vida cristã. Se este espaço privilegiado não for aproveitado, a educação cristã dos filhos será afetada.

Para meditar:
"É, em grande parte, no seio das famílias
que se prepara o destino das nações"
(Papa Leão XIII).

12 de agosto

"O Reino de Deus é como
um grão de mostarda, que o homem semeia.
Embora seja a menor das sementes
torna-se maior que as outras árvores"
(Mt 13,31).

Passeando na floresta, como sempre descuidado, o leão quase atropelou um grilo. A reação foi imediata: "A floresta é de todos", proclamou o grilo. Diante do pouco caso do leão, o grilo decretou guerra. A batalha seria no dia seguinte, numa clareira da floresta.

Mesmo com medo de parecer ridículo, o leão convocou sua tropa: jacarés, búfalos, onças, ursos, águias. O grilo continuava solitário.

Iniciada a batalha, milhões de abelhas, vespas, mosquitos, formigas, que estavam escondidas, avançaram contra o rei leão e seu exército. As ferroadas atingiam as partes mais sensíveis dos animais. Enlouquecidos, eles fugiram para as cavernas e pântanos.

Essa batalha de animais retrata a imagem da vida: sempre que os pequenos se unem, conseguem derrotar forças mais poderosas que eles.

Para meditar:
"Duas cosias indicam fraqueza:
falar quando é preciso calar e calar quando é preciso falar"
(sabedoria popular).

13 de agosto

> "Os sofrimentos da vida presente
> não têm proporção com a glória
> que deverá realizar-se em nós"
> (Rm 8,18).

Quando tudo corre bem, temos a tendência de ser autossuficientes. Saúde, bom emprego, família estável, projetos para o futuro... não precisamos de mais nada. Mas, quando uma tempestade vem sobre nós, damo-nos conta de nossa vulnerabilidade. É hora, então, de pensar em Deus. Ele é pai e cuida dos filhos e das filhas que sofrem.

Mas não devemos esperar que algo nos aconteça para buscarmos a Deus. Por vezes, podemos até ser curados pela doença. Quando ela bate à nossa porta, percebemos nossas fragilidades e estabelecemos nova escala de valores, em que os bens materiais deixam de ter tanta importância. É nestas circunstâncias que aprendemos a valorizar mais a vida, a família, e nos tornamos mais humanos.

Para meditar:
"Todos somos responsáveis
pelo sofrimento que esmaga nosso irmão"
(Madre Teresa de Calcutá).

14 de agosto

"Por que vocês estão dormindo?
Levantem-se e rezem
para não caírem na tentação"
(Lc 22,46).

Vivemos em alta velocidade. Esta velocidade diminui a capacidade de pensar e formular juízos, assim passamos a deixar que outros pensem por nós. E se não ficarmos atentos, os meios de comunicação, por exemplo, podem nos incutir uma nova moral. A opinião dos outros pode sacudir nossas convicções: "Isto ninguém mais faz", nos dizem. Ou: "Isto todo mundo faz". Mas nem por isso o mal deixa de ser mal; nem por isso a omissão encontra justificativas. Para romper este círculo vicioso, precisamos parar e refletir.

Dentro de nós há algo que se chama consciência, que já foi definida como a voz de Deus que fala baixinho dentro de nós. Ela deve ser nossa referência. Para ouvirmos, com mais nitidez, a voz de nossa consciência, precisamos, de vez em quando, parar e silenciar.

Para meditar:
"Se não houver frutos, valeu a beleza das flores;
se não houver flores, valeu a sombra das folhas;
se não houver folhas, valeu a intenção da semente"
(Henfil).

15 de agosto

> "Alegra-te, cheia de graça!
> O Senhor está com você!"
> (Lc 1,28).

Num passado recente, na data de 15 de agosto a Igreja celebrava a Assunção de Maria aos céus. Hoje, em decorrência das leis civis, a data é celebrada no domingo seguinte. Neste mesmo domingo é lembrada outra vocação: o dia do consagrado e da consagrada. Irmãs religiosas e irmãos colocam-se totalmente a serviço da comunidade a partir do carisma de seus fundadores. Escolas, hospitais, creches, asilos são atendidos pelos religiosos.

A própria vida consagrada com votos de obediência, pobreza e castidade é um singular meio de evangelização. O Papa Paulo VI lembrava que os religiosos situam-se na vanguarda da evangelização, afrontando os maiores perigos para a saúde e para sua própria vida. Conclui o papa: "A Igreja deve-lhes muito!".

> *Para meditar:*
> "A felicidade está em deixar
> Deus controlar o seu futuro"
> (sabedoria popular).

16 de agosto

"E Maria disse: 'Eis aqui a serva do Senhor.
Faça-se em mim segundo a tua Palavra'"
(Lc 1,38).

Maria, a mãe de Jesus, é uma figura singular. Tão perto de Deus, mas também tão perto de nós. Na festividade da Assunção, a Igreja olha para aquela que é a mais perfeita cristã. Peregrinos, olhamos para aquela que já concluiu sua missão. Seguimos o mesmo caminho, lembrando as palavras de Maria em Caná da Galileia: "Fazei tudo o que ele vos disser".

Na festividade da Assunção de Maria, lembramos ainda a dignidade do corpo humano. O próprio Filho de Deus assumiu um corpo humano no seio de Maria. Lucas emprega o mesmo adjetivo para falar de Maria e do seu filho: "Você é bendita entre as mulheres e bendito o fruto do seu ventre". Ela é a ouvinte da Palavra, peregrina da fé e modelo para todos, leigos e consagrados.

Para meditar:
"Não é o que você faz,
mas quanto amor dedica ao que faz
é o que realmente importa"
(Madre Teresa de Calcutá).

17 de agosto

"Quanto ao empregado inútil,
joguem-no fora na escuridão"
(Mt 25,30).

Eram quatro irmãos de nomes estranhos: Qualquer Um, Ninguém, Alguém e Todos. A casa não ia bem. Alguém reclamou porque as tarefas que Qualquer Um deveria fazer não foram feitas por Ninguém. E isto incomodou a Todos. Houve murmurações. Alguém poderia fazer a tarefa – coisa relativamente fácil –, assim como Qualquer Um, mas Ninguém fez. Todos colocaram a culpa em Todos, mas Ninguém assumiu a responsabilidade por aquilo que Qualquer Um poderia fazer.

Essa família é muito conhecida. Quantas vezes reclamamos: "Eles deveriam ter feito...". Mas quem são "eles"? Eles são eles, isto é, os outros. Um dia melhoraremos e, então, Qualquer Um irá fazer a tarefa que é de Todos.

Para meditar:
"Os preguiçosos sempre têm
vontade de fazer alguma coisa"
(Marquês de Vauvenargues).

18 de agosto

"Um atleta não recebe a coroa
se não lutou de acordo com as regras"
(2Tm 2,5).

Muitas comparações ajudam a entender a vida. Podemos, por exemplo, compará-la a um jogo. O jogo tem normas fixas, tempo de duração, quase sempre se joga em equipe. Assim é também a vida. Mas existem grandes diferenças entre o jogo e a vida. Na vida não queremos derrotar ninguém. Podemos e devemos derrotar o individualismo, a fome, as doenças, as discriminações, o medo, o ódio.

Todos temos vocação para vencer e, por isso, não podemos abandonar o campo. Não podemos lutar apenas por resultados. A dignidade está na luta, no ideal que nos anima. Se os resultados não vierem, valeu a luta. A semente que espalhamos não tem pressa de nascer, mas carrega possibilidades imensas.

Para meditar:
"Inteligência é ter consciência de que
a vida é uma grande pergunta
em busca de uma grande resposta"
(Augusto Cury).

19 de agosto

> "Vocês valem muito mais
> que as aves do céu e os lírios do campo"
> (Lc 12,24).

Depois de um dia cheio de problemas, o proprietário de uma fazenda em obras levou o carpinteiro para casa. Ao chegar, o carpinteiro convidou-o a conhecer sua família: esposa e dois filhos. Antes de entrar, tocou o galho de uma pequena árvore no pátio. Diante da curiosidade do fazendeiro, ele explicou: "Trata-se da árvore dos problemas. Ao chegar à minha casa, deixo nesta árvore meus problemas. Na manhã seguinte, parece que os problemas diminuíram".

A vida atual é complexa e cheia de problemas, assim, o lar deve ser um lugar de paz para todos. A família precisa estar acima do trabalho. E, em primeiro lugar, deve estar Deus. É importante que haja uma escala de prioridades, pois, assim, cada coisa fica no seu lugar.

Para meditar:
"O futuro tem muitos nomes.
Para o fraco, é o inatingível;
para os temerosos, o desconhecido.
Para os valentes, é a oportunidade"
(Victor Hugo).

20 de agosto

"Irmão, deixa-me tirar
o cisco do teu olho"
(Mt 7,4).

Um nobre inglês, em sua juventude, sonhava mudar a Inglaterra. O tempo passou e a Inglaterra não mudou. Ele decidiu, então, que iria mudar, pelo menos, sua província, e o resultado foi decepcionante; nada mudou. "Mudarei minha cidade", decidiu, e a cidade continuou a mesma. Reduziu suas ambições e apostou: "Pelo menos vou mudar minha família". Tudo continuou igual, a família não mudou.

Fazendo um balanço da vida, o nobre admitiu: "Se eu tivesse mudado a mim mesmo, certamente, teria mudado minha família... com um pouco de sorte, minha cidade também teria tido alguma mudança, assim como a província e, quem sabe, até o país". Esta constatação foi feita, tardiamente, em seu leito de morte.

Para meditar:
"Todos pensam em mudar a humanidade,
mas ninguém pensa em mudar a si mesmo"
(Leon Tolstói).

21 de agosto

> "O homem estendeu a mão
> e ela ficou curada"
> (Mc 3,5).

São numerosos os exemplos de fidelidade e lealdade de cães com relação a seu dono. Na linguagem popular se afirma: "O cão é o melhor amigo do homem". Outra expressão compromete o ser humano: "O homem é lobo para o outro homem". Dotado de inteligência e vontade, o homem recebeu a incumbência de cuidar da terra. Mas ele não fez isso em relação à natureza, que hoje se encontra destruída e pede socorro, nem em relação aos próprios irmãos. As milhares de guerras acontecidas provam isso.

Em consequência desta dupla agressão – natureza e humanidade –, a situação do planeta Terra não é das melhores. Mesmo assim, Deus continua amando a sua criatura e esperando que ela se dê conta de seu valor. Não precisamos esperar pelos outros. Cada um de nós pode ser uma luz ou uma sombra.

Para meditar:
"O início de um hábito é um fio invisível,
mas, cada vez que o repetimos,
o ato reforça o fio"
(Swett Marden).

22 de agosto

"Deus conhece nossa estrutura,
ele se lembra de que somos pó.
Como um pai, é compassivo com seus filhos"
(Sl 103,13).

Ao subir ao trono, um jovem monarca mandou instalar um sino de prata no alto do palácio. Quando o rei estivesse feliz, comunicaria o fato ao povo, tocando o sino. O tempo passou, vieram os filhos, grandes batalhas foram vencidas, os celeiros se encheram de trigo... Mas havia sempre alguma tristeza. Já de cabelos brancos, o rei ficou sabendo que era amado por seu povo. Dominado por um intenso júbilo, o rei subiu as escadas, puxou a corda e o povo soube – pela primeira vez – que ele estava feliz. Em seguida, o rei morreu.

O tempo de ser feliz é agora. Lembre-se de quantas pessoas o amam. Mande tocar o sino ainda hoje. Mais ainda: você é melhor do que imagina. Lembre-se de que Deus o ama e seu amor é definitivo.

Para meditar:
"Há no mundo milhares de formas de alegria,
mas no fundo todas elas
se resumem a uma única:
a alegria de poder amar"
(Michael Glent).

23 de agosto

> "Curem os doentes e digam ao povo:
> o Reino de Deus está próximo de vocês"
> (Lc 10,9).

A Igreja de Jesus é depositária de verdades eternas. Os costumes, porém, mudam e, caminhando na história, a Igreja está sempre convidada a renovar-se. O Concílio Vaticano II – 1962-1965 – foi uma iniciativa neste sentido. O saudoso João XXIII definiu este concílio como primavera do Espírito Santo. Foi uma bem-sucedida tentativa de a Igreja acertar o passo com a modernidade.

A Igreja, antes do Vaticano, era definida como exército de Cristo. Os documentos conciliares passaram a definir a Igreja como Povo de Deus. O Concílio de Trento apostou nos padres para a renovação religiosa. E o Vaticano II pode ser considerado o concílio dos leigos. Com acento no Batismo, foi decretada a maioridade do leigo, discípulo-missionário do Senhor.

> *Para meditar:*
> "É preciso mudar muito
> para ser sempre o mesmo"
> (Dom Helder Camara).

24 de agosto

"Fiquem alegres porque
os nomes de vocês estão escritos nos céus"
(Lc 10,20).

A partir da definição da Igreja como Povo de Deus, cresceu a importância dos leigos fiéis em Cristo. Os ministérios não ordenados fizeram florescer um conjunto de serviços que tornam a Igreja mais presente. Entre estes ministérios, merece destaque a catequese, ou seja, a formação cristã das novas gerações.

Os catequistas dão o melhor de si – tempo, amor, competência – em favor do Reino. A vocação do leigo é celebrada no último domingo de agosto. A função específica, principal, do leigo continua sendo sua atuação no meio do mundo, colocando o fermento do Evangelho em toda a parte, pelo testemunho, pela palavra e pela ação eficaz. Os leigos têm também a missão de formar a opinião pública na Igreja. O Espírito Santo não sopra apenas sobre a hierarquia, mas sobre todo o Povo de Deus.

Para meditar:
"Vocês pouco dão quando oferecem suas posses.
É quando oferecem de si mesmos
que realmente dão"
(Khalil Gibran).

25 de agosto

> "Caso ele chegue à meia-noite
> ou às três da madrugada.
> Felizes serão se assim os encontra"
> (Lc 12,38).

Certa vez um relógio começou a preocupar-se: "Tenho que bater duas vezes por segundo, 120 vezes por minuto, 7.200 por hora, 172.800 vezes num dia e 63.115.200 vezes por ano. Em 10 anos terei de bater 631.152.720 vezes. Isto é demais para mim". E desesperou-se. Depois recuperou a tranquilidade e disse: "Calma, pelo menos posso dar as duas pancadinhas deste segundo". Fez isso e já são mais de 20 anos que repete o gesto.

O bom senso nos garante que devemos fazer uma coisa de cada vez. Diante de Deus, não devemos pedir luzes para toda a nossa vida. Podemos e devemos pedir luz para o próximo passo, para os próximos minutos. O tempo de Deus é hoje. E os anos são feitos de segundos. Deus me pede fidelidade apenas para o próximo segundo.

Para meditar:
"Vivemos com o que recebemos,
mas marcamos a vida com o que damos"
(Winston Churchill).

26 de agosto

"Abriram seus cofres
e ofereceram presentes ao menino"
(Mt 2,11).

Dar presentes é uma arte não dominada por todas as pessoas. Uma menina de quatro anos presenteou o pai no dia de seu aniversário com uma caixinha revestida de papel dourado. Ao abrir a caixa, encontrou um bilhete: "Eu soprei e ela está cheia de beijinhos... todinhos para você!". Algum tempo depois, a menina aniversariou. Naturalmente, o pai a encheu de presentes. O último: uma caixinha com um bilhete: "Vale uma hora do meu tempo por dia, todos os dias da vida". A menina e o pai deram os melhores presentes possíveis.

Melhor do que presentear com coisas materiais é dar de si, é repartir. O amor, ao ser repartido, aumenta. O amor não vem com data de vencimento. Tempo e amor são os melhores presentes e podem não estar disponíveis amanhã.

Para meditar:
"Só existe uma maneira
de ensinar uma criança a amar: amando-a"
(Leon Tolstói).

27 de agosto

"'Jesus colocou-se no meio deles e disse:
'A paz esteja com vocês!'"
(Lc 24,36).

Um professor, no primeiro dia de aula, mostrou aos alunos uma nota de 100 reais e perguntou se alguém a queria? Todos queriam. Pegou a nota, amassou-a e voltou a oferecer a quem quisesse. Mais uma vez, todos queriam. Em seguida tomou a nota, jogou-a no chão e pisou em cima. Repetiu a pergunta, e todas as mãos estavam levantadas.

A nota continuava a mesma, com o mesmo valor. Isso pode ser usado para refletirmos sobre a vida: o erro, por maior que seja, não nos rouba a dignidade. Nós amamos o que é amável. Deus não ama porque merecemos; ama porque nós precisamos. Somos pecadores, mas pecadores amados por Deus.

Para meditar:
"Não há penitência maior
do que aquela que Deus coloca
em nosso caminho todos os dias"
(Dom Helder Camara).

28 de agosto

"Debaixo do céu há um tempo
certo para cada coisa"
(Ecl 3,1).

Um líder religioso era conhecido pela sua eficiência. Exercia inúmeras atividades, chegava à noite descansado e acordava com toda a disposição. Qual o segredo? Ele explicou: "Faço uma coisa de cada vez". A explicação não satisfez os discípulos. Eles também faziam uma coisa por vez. O mestre explicou: "Quando estou trabalhando, eu trabalho; quando estou rezando, eu rezo; quando estou comendo, eu como; quando estou dormindo, eu durmo".

Todos temos a tentação de fazer várias coisas ao mesmo tempo e, assim, acabamos não fazendo nada benfeito. Nossa vida deve ser planejada e estruturada do mesmo modo que organizamos nosso escritório. Fazendo uma coisa por vez, sobrará tempo para tudo. Teremos tempo para a família, tempo para rezar, tempo para os amigos. E deixaremos o estresse bem longe...

Para meditar:
"A primeira condição para realizar alguma coisa
é não querer fazer tudo ao mesmo tempo"
(Alceu de Amoroso Lima).

29 de agosto

> "Observem como os lírios crescem:
> eles não fiam, nem tecem"
> (Lc 12,27).

Amargurada com os que a cercavam, uma pessoa foi procurar luz em alguém que vivia, aparentemente, feliz. Como agir para não se aborrecer? Estava cercada de pessimistas, mentirosos, indiferentes. A resposta foi simples: "Faça como as flores". E explicou: "As flores nascem num terreno baldio, suas raízes penetram no adubo malcheiroso, entretanto, são puras e perfumadas". Extraem da terra o que é útil e deixam o resto de lado.

Assim é a vida. As pessoas pensam diferente, têm defeitos diversos. Desse modo, é mais inteligente não se deixar abalar com as atitudes dos outros e saber conviver com o diferente. Ainda que vejamos alguém perder a calma, devemos nos manter serenos. É possível que alguns até se ressintam com nossa autossuficiência. Mas essa é a receita das flores.

Para meditar:
"Se discordas de mim, tu me enriqueces"
(Dom Helder Camara).

30 de agosto

"Em tudo isso somos vencedores,
graças àquele que nos amou"
(Rm 8,37).

A vida é cheia de contratempos. Há períodos em que tudo dá certo e há momentos em que tudo sai errado. Isso se assemelha às estações do ano: a tristeza do inverno, a festa da primavera, os frutos maduros do verão, a saudade do outono.

A primeira medida é analisar nossos atos. Por vezes somos nós, por atitudes e omissões, que semeamos as crises. Então, é hora de ter calma, de rever os métodos, de redobrar os esforços.

Somente os que não desistem na metade do caminho têm chances de vencer. O insucesso deve servir também para temperar nossa vontade. É preciso ter certeza de que a última palavra não foi dita, que há forças poderosas dentro de nós que ainda não foram ativadas. Podemos ter perdido uma batalha, mas a guerra continua.

Para meditar:
"Todos os nossos sonhos
podem se tornar realidade,
se tivermos a coragem de persegui-los"
(Walt Disney).

31 de agosto

> Vocês sabem prever o tempo,
> mas não são capazes
> de interpretar os sinais dos tempos
> (Mt 16,3).

A Califórnia, nos Estados Unidos, seguidamente, é afetada por tremores de terra. Um moderno sistema eletrônico, recém-instalado, detecta o fenômeno e sua magnitude com 10 segundos de antecedência. Dez segundos? Pode parecer pouco, mas, para quem está acostumado a ser pego de surpresa, esses segundos podem salvar vidas. O que é um segundo? Pode ser o tempo suficiente para escapar de um acidente, para ganhar uma corrida.

O tempo de Deus é hoje, mais precisamente, neste minuto, nos próximos 10 segundos. Hoje é tempo de sorrir, de sonhar, de amar, de agradecer, de recomeçar. Uma orquestra só funciona se todos os músicos estiverem no momento certo. E o momento certo é agora.

Para meditar:
"Não tenhamos pressa;
mas não percamos tempo"
(José Saramago).

1º de setembro

> "Passarão céus e terra,
> mas minha Palavra não passará"
> (Mc 13,31).

Setembro é o mês dedicado à Palavra de Deus. A Bíblia – plural grego – é a soma de 73 livros inspirados por Deus. É o livro mais lido, vendido e traduzido em todo o mundo. É um livro que não envelhece. A cada dia ele se apresenta como novo, respondendo às perguntas e inquietações de hoje. É manual de oração, é inspiração para artistas, é critério de vida.

De todos os formatos, cores e tamanhos, a Bíblia está nos lares, na cabeceira dos enfermos, no coração da humanidade, além de iluminar e dirigir a caminhada da Igreja. Mas não basta possuí-la, é necessário lê-la. Precisamos ainda entendê-la, vivê-la e anunciá-la aos demais. Ela é fonte inesgotável e sem fim; sacia e aumenta nossa sede.

Para meditar:
"Descobri que os pensamentos mais vitais,
criadores e positivos
são os que a Bíblia apresenta:
as palavras têm vida"
(Norman V. Peale).

2 de setembro

"Desde a infância conheces as Escrituras:
elas têm o poder de comunicar a sabedoria,
que conduz à salvação em Cristo Jesus"
(2Tm 3,15).

Quando rezamos, falamos com Deus. Quando lemos a Bíblia, é Deus quem nos fala. Quando rezamos podemos estar dizendo coisas sem lógica, sem profundidade. Mas, quando lemos a Bíblia, acolhemos a Palavra de Deus, que não se engana.

A Bíblia, embora contenha história, não é um livro de história. É a Palavra de Deus que nos encaminha à salvação. Não é sempre que temos oportunidade de receber a Eucaristia, mas todos os dias podemos receber o Cristo Palavra. Pela manhã, ela nos ensina como andar no mundo. À noite, ensina-nos a agradecer e planejar o dia seguinte. Ela sempre é critério de vida e de atuação. E nos dirige pelos caminhos do mundo e aponta o céu.

Para meditar:
"Quero gritar o Evangelho
através de toda a minha vida"
(Charles de Foucauld).

3 de setembro

> "Este povo me louva com os lábios,
> mas seu coração está longe de mim"
> (Is 29,13).

Uma das normas elementares para todo o cristão é unir fé e vida. Unir o que rezamos àquilo que fazemos. Assim, devemos agir durante o dia de acordo com o que oramos de manhã. E ainda, precisamos aplicar no decorrer da semana aquilo que celebramos no domingo. A Palavra de Deus não envelhece. Não é um livro que recorda fatos passados. É um livro através do qual Deus fala conosco hoje. É uma carta pessoal de Deus.

A leitura orante da Bíblia nos ensina a unir fé e vida em quatro momentos: leitura, meditação, oração e contemplação. O texto é dirigido a nós; temos que nos incluir no fato e este fato nos faz falar com Deus, sobretudo, para pedir perdão e agradecer. No final, haverá a alegria da contemplação. É lâmpada para nossos pés, isto é, para nossa caminhada.

Para meditar:
"Não adianta começar o dia rezando
e passar o resto do dia como um pagão"
(sabedoria popular).

4 de setembro

"Onde está teu tesouro,
aí estará também o teu coração"
(Lc 12,34).

Uma conta bancária, por maior que seja, pode ir diminuindo e até acabar, se não fizermos novos depósitos. Isto vale também para a conta bancária emocional. Os elogios, os beijos e o carinho colocados na conta da namorada ou da esposa, nos primeiros anos de relacionamento, precisam ser renovados. E na conta emocional dos filhos então, há quanto tempo não depositamos nada? Lembrar de fazer isso no dia do aniversário deles não é o suficiente. Pode acontecer de nossa conta emocional quebrar por falta de fundos.

Quais as três coisas mais importantes da vida? Recente pesquisa revela que 95% dos entrevistados respondem: a família. E nada menos que 75% a colocaram em absoluto primeiro lugar. Isto em teoria. Seria interessante observar isso na prática para saber como realmente é.

Para meditar:
"Se algum dia tiver de escolher entre o mundo e o amor, lembre-se: se escolher o mundo, ficará sem amor, mas, se escolher o amor, com ele conquistará o mundo"
(Albert Einstein).

5 de setembro

"Que tua mão esquerda
não saiba o que faz a direita"
(Mt 6,3).

Pai e filho passavam férias no interior. Caminhando por uma trilha, observavam as fontes, o canto dos pássaros, as frutas maduras, as flores... De repente, o pai perguntou: "Está ouvindo um barulho?". "É uma carroça que se aproxima", esclareceu o filho. "Isso mesmo", emendou o pai, "uma carroça vazia...". Passados uns minutos, de fato, cruzou por eles uma carroça vazia. E o pai explicou por que acertara: "Por causa do barulho. Quase sempre onde há muito barulho esconde-se o vazio".

De Maria, mãe de Jesus, se diz que nada fez de extraordinário. Ao contrário daqueles que ficavam admirados e contavam as maravilhas que tinham visto e ouvido na presença de seu Filho, ela "guardava todas estas coisas, meditando-as no seu coração".

Para meditar:
"É melhor ser cristão sem dizê-lo,
do que dizê-lo sem o ser"
(Inácio de Antioquia).

6 de setembro

"Seja como o homem que está esperando
o seu senhor voltar da festa"
(Lc 12,36).

Quando tem início a chamada terceira idade? Não existe um consenso sobre isso, mas há alguns fatos que revelam essa condição. Um deles é o passe livre nos transportes urbanos, que coloca a pessoa numa categoria especial.

Há muitas maneiras de enfrentar essa etapa da vida. A dica é não perder o entusiasmo e a capacidade de servir, evitar lamúrias, lamentações e saudosismos. Embora se esteja chegando ao fim do percurso, a viagem ainda não terminou e pode reservar bons momentos. É hora, então, de compartilhar a experiência adquirida e assumir a serenidade que essa idade traz. No fim da viagem, estará esperando por nós o melhor. Santo Agostinho fala do sábado eterno e feliz, quando tudo já foi realizado.

Para meditar:
"A idade torna melhor o bom vinho;
o vinho ruim torna-se vinagre"
(sabedoria popular).

7 de setembro

"Daí a César o que é de César
e a Deus o que é de Deus"
(Lc 20,25).

Os termos patriotismo e nacionalismo perderam muito de sua força. Hoje preferimos o termo cidadania, que é a participação plena e responsável na vida da comunidade, assumindo direitos e deveres.

Hoje é dia de nos lembrarmos dos feitos de nosso país, assumindo a herança que nos foi deixada. Hoje a pátria brasileira faz aniversário.

Aristóteles, na Grécia antiga, dizia que somos animais políticos. A participação é um dever de todos. E devemos lutar em favor do bem comum. Pois, ao nos omitirmos, podemos ser responsáveis pelos erros dos outros.

O Papa Paulo VI afirmava que a política deveria ser o cumprimento do Mandamento do Amor numa dimensão maior.

Para meditar:
"Homem algum é uma ilha;
se um grão de areia cai no mar,
a Europa fica menor"
(John Donne).

8 de setembro

> "Nem um copo de água
> ficará sem recompensa"
> (Mc 9,41).

Os meios de comunicação privilegiam os grandes acontecimentos: o homem mais rico, o atleta com mais vitórias, a pessoa com mais idade, a torre mais alta. A vida, porém, é tecida com pequenos fatos, que nunca serão notícia.

A maioria das pessoas tem uma vida simples e harmoniosa e nunca chegará a ter seu nome na mídia. Mas nem por isso elas perdem sua grandeza. No Evangelho nos é garantido que nem um copo de água ficará sem recompensa.

Encontramos a Deus não só no templo, mas também no dia a dia. Através das frestas do cotidiano, vemos o Senhor. E a certeza desta presença nos ajuda a realizar com grandiosidade os pequenos gestos de cada dia. Dar um sorriso, um bom-dia, assim como oferecer um copo de água, dizer uma palavra carinhosa, são gestos de amor.

Para meditar:
"Ninguém comete erro maior
do que não fazer nada
porque só pode fazer um pouco"
(Edmund Burke).

9 de setembro

> "Ninguém põe um remendo
> de pano novo numa roupa velha"
> (Mt 9,16).

A história da humanidade pode ser comparada a um grande relógio de parede. Seu pêndulo bate, alternadamente, de um lado para outro. Os ponteiros mudam de lugar, mas se repetem. O mesmo acontece com a humanidade. Se observarmos a moda, poderemos entender como isso acontece.

Hoje, uma das grandes bandeiras é a qualidade de vida. O conceito de "qualidade total" foi criada pelos japoneses, que visavam qualificação das empresas, mas atualmente essa visão foi ampliada. "Qualidade" agora está relacionada à vida, sobretudo, ao bem-estar físico e mental.

Cuidar do corpo, do espírito, criar uma harmonia que envolva toda a vida pode parecer algo novo, mas não é. Deus criou seus filhos e filhas para a felicidade. E Deus viu que tudo era bom. Viver bem também é assumir o projeto de Deus.

> "Feliz de quem atravessa a vida inteira
> tendo mil razões para viver"
> (Dom Helder Camara).

10 de setembro

"O céus manifestam a glória de Deus
e o firmamento proclama a obra de suas mãos"
(Sl 19,2).

As grandes descobertas surgiram a partir da contemplação da natureza. O voo do pássaro inspirou o avião; analisando os peixes, surgiu a ideia do submarino; o helicóptero teve como modelo o voo do beija-flor. Mais ainda: quando o homem descobriu o radar, o morcego já voava na mais completa escuridão, sem colidir com os objetos. A harmonia do universo é percebida tanto nos gigantescos corpos celestiais como na pequena flor do campo.

Albert Einstein afirmou um dia: "Deus está nos detalhes". E a impressão que se tem é de que só descobrimos alguns deles. É o caso do genoma humano, o DNA, o código da vida.

Para Francisco de Assis era quase impossível não perceber Deus na natureza. Mesmo assim, o lugar preferencial para encontrá-lo é o nosso coração.

Para meditar:
"Sempre que eu abro a porta
de uma nova descoberta,
encontro Deus lá"
(Albert Einstein).

11 de setembro

> "Neste mundo vocês terão aflições,
> mas tende coragem: eu venci o mundo!"
> (Jo 16,33).

Era uma vez um mago do violão. Chamava-se Mesé Figueredo e era colombiano. Sem ele não havia festa. Um dia foi assaltado, roubaram seus instrumentos musicais, sua montaria... Roubaram tudo. Foi encontrado no dia seguinte, mais morto que vivo, e mesmo assim sorriu e disse: "Levaram minha mula, meu violão, levaram tudo o que eu tinha, mas não levaram a música".

O maior de todos os tesouros é o nosso ideal. A vida pode nos machucar, tirar-nos coisas preciosas, mas ninguém poderá roubar nossa música. A música tem muitos nomes: fé, capacidade de lutar, sonho de um mundo diferente, esperança em Deus. O passado nos mostra que a história humana é modificada, não pelos mais fortes, mas pelos mais fracos. Desde que eles não esqueçam a música.

Para meditar:
"A esperança tem asas. Faz a alma voar.
Canta a melodia mesmo sem saber a letra.
Nunca desiste. Nunca"
(Emily Dickinson).

12 de setembro

> "Aquele que nele crê terá a vida eterna"
> (Jo 3,15).

Sempre existiu a comparação entre jovens e velhos. As culturas determinam quem está em vantagem. A história está cheia de exemplos de jovens e velhos que venceram ou fracassaram. Mozart, aos cinco anos, já compunha maravilhosas melodias; Newton, aos 21 anos, já elaborara a Lei da gravidade, e Santo Antônio morreu aos 36 anos. Por outro lado, Santo Antão morreu lúcido aos 105 anos, Picasso fez obras-primas aos 92 anos e Chagall pintou com maestria até sua morte, aos 98 anos.

O tempo estraga os vinhos ruins e consagra os bons. A idade é escolha de cada um. É possível ser jovem ou velho. Aquele que conserva a chama de um ideal, aquele que partilha suas experiências, aquele que vibra com a vida, este é jovem. Somos tão jovens quanto a nossa fé, e tão velhos quanto o nosso pessimismo.

> ***Para meditar:***
> "Enquanto conseguir admirar e amar,
> será jovem para sempre"
> (Pablo Casals).

13 de setembro

"Hoje você estará comigo no paraíso"
(Lc 23,43).

Muita são as comparações feitas com respeito à vida: um rio, um jogo de xadrez, um caminho... Uma das comparações mais felizes: um livro. Cada dia escrevemos uma página. Não é permitido o uso de borracha para apagar um erro, muito menos rasgar uma página mal escrita. Mas é possível, isso sim, depois de centenas de páginas mal escritas, terminar com um fecho de ouro, uma página maravilhosa. E Deus irá olhar apenas a última página.

Mas não sabemos quando será a última página. Um dia Deus colocará a informação: fim. De nada adiantará alegar que não terminamos e pedir mais tempo. O tempo de Deus é hoje. O chamado bom ladrão, depois de escrever um "livro confuso", colocou um fecho de ouro. É isso que vale.

Para meditar:
"A vida não pode ser economizada para amanhã.
Acontece sempre no presente"
(Rubem Alves).

14 de setembro

> "E bem cedo, no primeiro dia da semana,
> ao nascer do sol, elas foram ao túmulo"
> (Mc 16,2).

Um dos símbolos mais conhecidos, a cruz, está no alto de milhares de igrejas e em milhões de casas e locais públicos. Algumas vezes ao dia, em todo o mundo, fiéis traçam sobre si este sinal sagrado.

A festa de Exaltação da Santa Cruz é celebrada desde 335, quando foi encontrado o madeiro sagrado, por iniciativa de Santa Helena, mãe do imperador Constantino. A cruz reúne sentimentos contraditórios. Sinaliza a morte e também a vida. Lembra o sofrimento e também a superação.

Deus não quer o sofrimento de seus filhos e filhas. A dor entrou no mundo pela porta do pecado. Na prática, o sofrimento nos ajuda a revermos certos valores. E quando a dor nos atinge, a solução é olhar para o Crucificado. Ela dá sentido à nossa dor.

> *Para meditar:*
> "Quando olhar para a cruz,
> pergunte a si mesmo se pode exigir
> que todo mundo o queira bem"
> (Padre Edênio Valle).

15 de setembro

"Há muitos que são inimigos da cruz de Cristo;
seu fim é a destruição"
(Fl 3,18-19).

Diante do sofrimento impõem-se duas atitudes. A primeira delas é tentar superar a dor, uma vez que ela não vem de Deus, pois ele quer a felicidade de seus filhos e filhas. A segunda atitude é encontrar o jeito certo de sofrer. Aquele que se revolta, acaba sofrendo duas vezes mais. Já aquele que carrega a cruz cantando, sente diminuir seu peso. E sempre podemos pedir ao Senhor que nos ajude a carregar nossa cruz. Ele é especialista nisso.

Há também uma atitude fraterna: não podemos ser uma cruz àquele que caminha conosco. Mais ainda: devemos – à semelhança de Simão de Cirene – ajudar nosso próximo a carregar a cruz.

A cruz não foi escolha de Cristo. Ele escolheu o amor e, em função disso, aceitou a cruz.

Para meditar:
"Se queremos o Cristo sem a cruz,
acabaremos com a cruz e sem o Cristo"
(sabedoria popular).

16 de setembro

"Levantem-se e rezem para não caírem em tentação"
(Lc 22,46).

Uma nora recorreu a um médico: queria um veneno para eliminar a sogra. Ela era insuportável. O médico receitou o veneno, mas recomendou que, para evitar suspeitas, administrasse uma pequena porção a cada dia e a tratasse com carinho. Passados dois meses, a nora voltou chorando. Agora, queria ajuda para evitar que a sogra morresse. E esclareceu: "Ela é maravilhosa". O veneno não era veneno, e o carinho fizera maravilhas.

"Onde não há amor", dizia São João da Cruz, "plante amor e colherá mais amor". É difícil gostar de quem não gosta de nós. Diante da indiferença, é importante que alguém tome a iniciativa. O amor é um sentimento que se dá reciprocamente entre duas ou mais pessoas, mas alguém tem que dar o primeiro passo. Não tenha pressa: a paciência também faz parte. A maneira mais inteligente para vencer um inimigo é torná-lo seu amigo.

Para meditar:
"Nada é pequeno no amor.
Quem espera as grandes ocasiões para provar
a sua ternura não sabe amar"
(Angéline de Montbrun).

17 de setembro

"Por que vocês são tão medrosos?
Vocês ainda não têm fé?"
(Mc 4,40).

Nicolau Paganini foi um dos maiores violinistas de todos os tempos. Numa apresentação, uma corda do violino arrebentou. A orquestra ficou confusa, mas Paganini mandou continuar. Instantes depois, uma segunda corda do violino se quebrou. Nova hesitação e novo começo. Mas a fatalidade comprara ingresso naquela noite. Mais uma corda quebrou. E com a única corda que sobrou, Paganini continuou tocando, e nenhuma nota ficou perdida. O maestro atingiu a glória e o público delirou. O que parecia um contratempo tornou-se uma escada para o triunfo.

Não importa quais os problemas que podem afetar nossa vida. Mesmo que os outros parem, continue tocando, a música não pode parar. E se quebrar a última corda? Esta nunca vai quebrar. Esta corda se chama Deus.

Para meditar:
"Fé é o pássaro que sente a luz e canta
quando a madrugada ainda está escura"
(Rabindranath Tagore).

18 de setembro

"É como um pai de família
que tira do seu tesouro coisas novas e velhas"
(Mt 13,52).

Vivemos no século da pressa e da rapidez. Se andamos devagar, logo imaginamos que seremos superados pelos outros. Fazemos muitas coisas ao mesmo tempo, mas de maneira superficial. Assim, perdemos a alegria das coisas simples.

Nos Estados Unidos surgiu um movimento chamado *slow-food*, isto é, comida sem pressa, contrastando com *fast-food*: comida rápida. Esse movimento encontrou inspiração no caracol.

Ter essa atitude não quer dizer que se vá trabalhar menos, mas com mais qualidade, sem tanta pressa. Significa voltar aos valores clássicos: família, amigos, tempos de lazer. Voltamos à filosofia dos antepassados: façamos uma coisa por vez. E com isso, teremos tempo para tudo: trabalhar, comer, rezar, dormir, conviver com a família. E aproveitaremos o dia todo.

Para meditar:
"Muita gente perde as pequenas alegrias
esperando a grande felicidade,
que pode não chegar"
(Pearl S. Buck).

19 de setembro

"Hoje vimos coisas maravilhosas"
(Lc 5,26).

A rotina tem o triste privilégio de empobrecer nossos melhores atos. Realizamos algo sem nem perceber. Ligamos o piloto automático e deixamos a vida correr. E acabamos perdendo a energia vital que transforma a vida. Esta atitude – rotina – é sempre perigosa, e afeta, sobretudo, a família. Depois de alguns anos, tudo já foi vivido, já foi experimentado. Sobra apenas a repetição de gestos vazios.

A solução para isso é descobrir, criar momentos mágicos. Isso não exige maiores recursos econômicos. Podemos dar um presente sem que haja data específica, marcar um dia e sair para pescar, parar e observar o espetáculo emocionante do nascer do sol. Há mil maneiras de romper a rotina, mas existem dois componentes necessários: criatividade e amor. E a vida se encherá de encanto. Faça tudo como se fosse a primeira vez.

Para meditar:
"Tantas pessoas vivem numa rotina tão exata,
que é difícil acreditar que elas vivam
pela primeira vez"
(Stanislaw Jerzy Lec).

20 de setembro

"Poucos dias depois,
o filho ajuntou tudo que tinha
e partiu para um lugar distante"
(Lc 15,13).

Educar nunca foi fácil. Já no alvorecer do mundo, Adão e Eva tiveram problemas com o filho Caim. No entanto, isso não significa que não é possível educar. Três palavras mágicas ajudam nesta tarefa: amor, firmeza e diálogo. Sem amor não se educa, pode-se, no máximo, domesticar.

Mas o amor deve vir acompanhado de firmeza. Educar é estabelecer limites e, por isso, é preciso haver firmeza ou, se acharmos melhor, amor exigente. E o diálogo serve para explicar o porquê do "sim" ou "não", o porquê de algumas coisas serem permitidas e outras proibidas. Também o filho tem direito de falar. E se nada disso der certo, façamos uso do perdão. E depois recomecemos com o mesmo esquema: amor, firmeza e diálogo.

Para meditar:
"No fundo da alma existem tesouros ocultos.
Somente o amor os descobre"
(Édouard Rod).

21 de setembro

"Quero conhecer o Cristo, o poder de sua ressurreição
e a comunhão em seus sofrimentos"
(Fl 3,10).

Jamais se pode descrer da primavera. O inverno é apontado por muitos como a mais triste das estações. Aos poucos as árvores vão perdendo suas folhas, o vento frio sopra, depois vem a geada. A primeira impressão é de que as árvores morreram. E elas passam longos meses neste estado.

Depois, obedecendo a um mandato misterioso, o frio começa a ceder, a árvore apresenta a primeira folha, depois muitas outras e, enfim, flores e frutos. A seu redor acontece a festa da vida. Pássaros, flores, trigais aparecem em toda parte. É a primavera que chegou. Ela simboliza nossa esperança.

Nem sempre as coisas acontecem de acordo com nossa vontade. Vem a provação, a tristeza, o desencanto. Mas não podemos desanimar. É primavera em algum lugar. As trevas serão vencidas pela luz e pela vida. O inverno não durará para sempre.

Para meditar:
"Não haverá borboletas se a vida não passar
por longas e silenciosas metamorfoses"
(Rubem Alves).

22 de setembro

"Habitarei no meio deles
e com eles caminharei"
(2Cor 6,16).

Um jovem monge em suas orações pediu a Deus coisas simples. Gostaria que Deus lhe mandasse uma flor e uma borboleta. À noite, ao voltar para sua cabana, viu um pequeno arbusto que não havia notado antes. Era um cacto e, ao lado, havia uma repugnante lagarta. "Deus deve estar brincando comigo", concluiu ele. Ou se enganara de pedido. E não pensou mais no caso. Passaram-se dias e, numa manhã de sol, o monge viu que o cacto florira e, sugando seu néctar, havia uma colorida borboleta.

Deus não se engana nunca, nem envia pedidos errados. No entanto, ele nem sempre nos dá aquilo que pedimos. Mas sempre escuta nossa oração. Ele sabe do que precisamos. Ainda que nem sempre atenda nossos pedidos, ele nos manda coisas maravilhosas. Para entendermos, precisamos de paciência e sensibilidade.

Para meditar:
"Aquilo que pedimos aos céus,
quase sempre está em nossas mãos"
(William Shakespeare).

23 de setembro

> "Há debaixo do céu tempo para tudo:
> tempo para calar e tempo para falar"
> (Ecl 3,7).

Antes de colocar na tela seu maravilhoso ícone da Trindade, o pintor russo André Rublev permaneceu 19 anos em silêncio. Um silêncio em forma de adoração, preparando sua tarefa.

Em Belo Horizonte, o casal Geraldo Peres e Sebastiana Cardoso não trocam uma palavra há 35 anos, embora continuem morando juntos. Depois de uma briga, quando Geraldo acusou Sebastiana de falar demais, começou o silêncio.

O Eclesiastes lembra que há tempo para tudo. Algumas vezes calar é um gesto de caridade, e outras vezes pode significar omissão. Os monges beneditinos diziam que a palavra podia ser usada, desde que fosse melhor que o silêncio.

Para os casados, o diálogo se faz necessário, pois a palavra tem valor medicinal. Ela pode evitar que as crises cresçam. Todo casal tem o dever de sentar-se e conversar sobre sua relação.

> *Para meditar:*
> "Um dos meus anseios de chegar ao infinito
> é a esperança de que, ao menos lá, as paralelas se encontrem"
> (Dom Helder Camara).

24 de setembro

> "Permanecei no meu amor.
> Se observardes os meus mandamentos,
> permanecereis no meu amor,
> assim como eu observei o que mandou meu Pai
> e permaneço no seu amor"
> (Jo 15,9-10).

Como vai seu coração? Nosso coração é uma máquina maravilhosa que trabalha noite e dia, por setenta, oitenta ou mais anos. Num ano o coração bate, em média, cerca de 3 milhões de vezes e irriga 300 trilhões de células.

Quando o coração falha, não há muito o que fazer. Alguns dos seus piores inimigos são: fumo, colesterol, obesidade, vida sedentária e preocupações. Também o ódio, o ressentimento, a falta de perdão, o excesso de preocupações não lhe fazem bem. O melhor combustível para o coração é o amor. O amor funciona como remédio para o coração e determina nossa qualidade de vida. Sem amor, nada faz sentido. Alegria e exercícios físicos também contribuem para mantê-lo em bom estado.

Para meditar:
"Para cuidar de si mesmo, use a cabeça;
para cuidar dos outros, use o coração"
(Jo Petty).

25 de setembro

> "Um rei, devendo viajar,
> chamou seus empregados
> e confiou-lhes seus bens"
> (Mt 25,14).

A parábola dos talentos figura várias vezes nos Evangelhos, com pequenas diferenças. Um rei confiou a seus empregados talentos, isto é, grandes quantias. Mas não disse a eles o que fazer. Ao regressar de viagem, chamou-os para o acerto de contas. Os que haviam utilizado bem seus tesouros, receberam significativa recompensa.

No entanto, um deles, com medo, enterrou o talento. Outra versão diz que ele o guardou num lenço. Palavras duras foram reservadas a este servo inútil, que perdeu também o que tinha. O Evangelho não fala da possibilidade de ele ter negociado e perdido tudo, pois a luta tem sua dignidade. O acento é contra a omissão, o egoísmo de manter o talento só para si. Muitos ou poucos, os talentos devem ser partilhados. Nós os recebemos de Deus para isso.

Para meditar:
"O sucesso na vida não é ter boas cartas,
mas jogar bem as que se tem"
(sabedoria popular).

26 de setembro

"Se vocês não perdoarem,
o Pai do céu não perdoará os pecados de vocês"
(Mc 11,26).

Um morador de Siemp Reap, no Camboja, ficou furioso ao constatar, chegando em casa, que o almoço não estava pronto. Num acesso de fúria, colocou fogo na residência e só ficou satisfeito quando tudo virou cinza. Na polícia, explicou que provocara o incêndio para dar uma lição na esposa.

O casamento acontece, figuradamente, no céu, mas é vivido na terra. Casaram-se e foram felizes para sempre, assim devem terminar as histórias de amor. O casamento não é algo de um dia, não é apenas uma festa. É uma caminhada conjunta, onde o respeito, a tolerância e o perdão superam as dificuldades.

Os casais têm o dever de conversar sobre tudo. Precisam buscar a força do alto através da oração comum. Isso significa construir sobre a rocha. Na dimensão do amor, está sempre presente a tolerância e o perdão.

Para meditar:
"Perdoar é devolver ao outro
o direito de ser feliz"
(Jorge L. Brand).

27 de setembro

"Se alguém caminha de noite,
tropeça, porque não há luz"
(Jo 11,10).

No Colorado – Estados Unidos – acaba de ser instalado um relógio atômico de precisão quase absoluta. Garantem os técnicos que não adiantará nem atrasará um segundo nos próximos 20 milhões de anos. Nenhum ditador teve um poder tão absoluto quanto o relógio. Ele determina a hora de começar e terminar. É consultado centenas de vezes pelos seus portadores. Um atraso de poucos segundos pode significar uma tragédia. Na hora da morte, por exemplo, muitos dariam fortunas por mais alguns minutos.

Portanto, o tempo, quando é mal administrado, acaba fazendo falta. Ele é tão precioso, e nós o esbanjamos sem preocupação.

O tempo é contraponto da eternidade: o tempo passa, enquanto a eternidade é definitiva. Deus promete o perdão sempre, mas não garante a ninguém o dia de amanhã.

Para meditar:
"Enquanto o poço não seca,
não sabemos dar valor à água"
(Thomas Fuller).

28 de setembro

"Agora vemos em espelho,
de maneira confusa, depois veremos face a face"
(1Cor 13,12).

A maturidade de uma pessoa se mede pela sua capacidade de resolver corretamente os problemas que a vida lhe apresenta. Há os que tentam resolver logo o problema, e o resolvem mal. Há também aqueles que não se decidem, e as coisas ficam cada vez pior.

Um líder criou para si três gavetas, onde colocava os problemas. Na primeira gaveta estava: resolver em tempo; na segunda: resolver com tempo e, na terceira, o tempo resolve.

Algumas decisões precisam ser rápidas, enquanto outras exigem avaliação, e há alguns problemas que simplesmente não se resolvem. Os romanos tinham uma divindade chamada Occasio, isto é, ocasião certa. Nem antes, nem depois.

Há coisas que podem ser feitas, coisas que não podem ser feitas e coisas que devem ser feitas. Demonstrar sabedoria é saber distinguir uma das outras. As pessoas podem nos ajudar nessa hora, assim como a oração pode iluminar nossas decisões.

Para meditar:
"Quando a gente acha que tem todas as respostas,
vem a vida e muda as perguntas"
(Luis Fernando Veríssimo).

29 de setembro

"Pode um cego guiar outro cego?
Ambos cairão no abismo?"
(Lc 6,39).

Todas as questões são vistas a partir de determinado ponto de vista. Certa noite, um bêbado atravessava uma ponte. Vendo seus passos cambaleantes, um amigo tratou de ajudá-lo. Debruçado sobre a mureta, olhando a água, o bêbado perguntou: "O que é aquilo lá embaixo?". "É a lua", explicou o amigo. Sacudindo a cabeça, o bêbado comentou, com base em seu ponto de vista: "Como é que eu vim parar aqui em cima?".

Existe o meu ponto de vista e o ponto de vista do outro. Assim, não posso exigir que minha posição seja absoluta. Quando isso acontece, cai-se no fanatismo. E essa é uma posição orgulhosa e irracional, que exclui o diálogo. O fanático não consegue convencer ninguém e torna odiosas suas posições. Mas ele se justifica: "Este é o meu ponto de vista!".

Para meditar:
"A verdade não tem proprietário
exclusivo e infalível"
(Ulisses Guimarães).

30 de setembro

"Toda a Escritura é inspirada por Deus,
útil para instruir, para refutar,
para corrigir, para educar na justiça"
(2Tm 3,16).

No ano 420, aos 80 anos, morreu um dos maiores gênios da humanidade: São Jerônimo. Encarregado pelo Papa Damaso, traduziu a Bíblia dos originais hebraico, aramaico e grego para o latim, que era a língua corrente. Sua tradução foi conhecida como Vulgata. Usada na Igreja e na liturgia por um milênio, foi um monumental trabalho de 30 anos, feito sem nenhum dos recursos técnicos de hoje.

Jerônimo fez seu trabalho numa gruta nos arredores de Belém, em meio à solidão e à contemplação. Dizia ele: "Desconhecer as Escrituras é desconhecer o próprio Deus". A data de 30 de setembro – festa do santo – é considerada o Dia da Bíblia: o livro mais importante, mais lido, mais traduzido em todo o mundo. É um livro inspirado por Deus e que a humanidade ainda não terminou de ler.

Para meditar:
"Que sentido tem decorar
com pedras preciosas as paredes do templo,
se Cristo morre de fome no pobre?"
(São Jerônimo).

1º de outubro

"Jesus pegou uma criança,
colocou-a no meio deles e disse:
'Quem receber, em meu nome,
umas destas crianças, receberá a mim'"
(Mc 9,37).

Os psicólogos falam dos comandos iniciais. São aquelas afirmações que os pais, avós, professores fazem a respeito de uma criança. Esta internaliza seu conteúdo e o guarda para o resto da vida. Os comandos iniciais decidem, em grande parte, a personalidade. Se dissermos muitas vezes a uma criança que é feia, ela guardará esta certeza pela vida inteira. E não haverá espelho que a convença do contrário. Dizer: "Olhe onde pisa", "Caminhe mais ligeiro", "Isso é feio", "Você é um inútil!". Tudo isto fica gravado para sempre. Vale também o contrário: os elogios fazem que a autoestima da criança cresça, e ela desabrocha plenamente. Elogiar, desafiar, incentivar a criança farão dela uma vencedora. As críticas negativas e as comparações encaminham para o fracasso.

Para meditar:
"Não se pode falar de educação sem amor"
(Paulo Freire).

2 de outubro

"Os dois contaram o que tinha acontecido no caminho
e como tinham reconhecido Jesus
quando ele partiu o pão"
(Lc 24,35).

Inteligente e voluntarioso, parecia que o mundo estava contra ele. Aos 31 anos, viu seu pequeno estabelecimento comercial falir. No ano seguinte, morreu sua esposa, e isto provocou nele uma depressão. Tentou a política e foi derrotado em quatro eleições. Aos 60 anos, em 1861, foi eleito presidente dos Estados Unidos. Seu nome: Abraham Lincoln, um dos maiores estadistas norte-americanos. De seus fracassos, ninguém mais lembra.

A vida não é aquela que sonhamos, mas a que acontece na realidade. Não é feita de sonhos, mas daquilo que fazemos quando nossos sonhos não dão certo. A última palavra ainda não foi dita. Esta é a atitude daquele que não se conforma com o insucesso. Não temos obrigação de vencer. Nosso compromisso é com a luta.

Para meditar:
"Faça o que seu coração acha certo,
pois de qualquer forma,
você será criticado"
(Eleanor Roosevelt).

3 de outubro

"Não ajunteis riquezas
que a traça e a ferrugem corroem
e os ladrões roubam"
(Mt 6,19).

Alexandre da Macedônia é considerado o maior gênio militar da Antiguidade. Rei aos 18 anos, planejava conquistar o mundo, inclusive a poderosa Roma. Suas tropas chegaram aos confins da Ásia e só pararam por estarem fatigadas demais.

Até que uma febre atacou o rei, nas proximidades de Babilônia. Pouco antes de morrer, aos 33 anos, ditou suas últimas vontades a seus generais. Pediu que o caixão fosse carregado pelos seus médicos, para mostrar que não têm poder sobre a vida. Que o chão fosse coberto pelos seus tesouros, para lembrar que os bens conquistados permanecem aqui. Finalmente: que suas mãos balançassem fora do ataúde, para que todos pudessem ver que de mãos vazias nascemos e de mãos vazias partimos.

Para meditar:
"A vida é uma ponte: atravesse-a,
mas não fixe nela sua morada"
(Santa Catarina de Sena).

4 de outubro

> "Escondeste estas coisas aos sábios
> e as revelaste aos pequeninos"
> (Mt 11,25).

Considerado a maior personalidade do segundo milênio do Cristianismo, Francisco de Assis surpreende e se torna cada vez mais atual, oito séculos após sua morte. Ele teve duas grandes intuições, que transformou em certezas: o Evangelho era para ser vivido e Deus é Pai.

Porque Deus é Pai, criou um modelo de vida que chamou de fraternidade, isto é, comunidade de irmãos. Suas bandeiras continuam atuais: a fraternidade universal, a paz, o cuidado com os pobres e o amor pela Igreja de Jesus. O Papa João Paulo II o proclamou Padroeiro da Ecologia, em razão do amor que demonstrava pela natureza.

Francisco é o santo da reverência à Criação, pois tudo saiu das mãos de Deus. Sua festa é comemorada hoje, que também é Dia dos Animais.

> *Para meditar:*
> "Se nas veias da humanidade existir
> uma gota de sangue de Francisco,
> eu ainda acredito na salvação do mundo"
> (Georges Clemanceau).

5 de outubro

"Olhai as aves do céu,
elas não semeiam, nem colhem,
mas o Pai lhes dá o alimento"
(Mt 6,26).

Filho de um rico burguês, mercador de panos, Francisco foi educado para suceder o pai e buscar a glória. Considerado pelas moças o melhor partido de Assis, Francisco buscou a glória pelas armas. A prisão e a doença ajudaram-no a refazer sua escala de valores. De reformador de pequenas igrejas abandonadas, acabou entendendo que sua tarefa era reformar a Igreja viva, não pela revolta, mas pelo testemunho de vida.

Do papa recebeu autorização para pregar a penitência. Francisco não quis mudar nada, mudou o seu coração e, por isso, ajudou a mudar o coração de seus muitos seguidores.

As chagas do Crucificado foram o selo de sua santidade. É o santo da alegria, porque se sentia amado pelo Pai. Sua oração preferida: "Meu Deus e meu tudo!".

Para meditar:
"Irmãos, comecemos hoje,
porque até agora pouco fizemos"
(São Francisco de Assis).

6 de outubro

"Eu estabeleço minha aliança
com vocês e seus descendentes"
(Gn 9,8).

"Tudo o que poderia ser inventado já foi inventado." Esta foi a audaciosa frase proferida por Charles H. Duell, diretor do Escritório de Patentes dos Estados Unidos. Isto em 1899.

Mas Deus ainda não acabou de criar o mundo. Deu-nos vontade e inteligência para que nós mesmos completássemos sua obra. A vida jamais se esgota e jamais se repete. Renovar é preciso; tudo o que não se renova acaba. Isto vale para todos nós. Ninguém pode dizer que já fez o suficiente ou, então, que é tarde demais. Amanhã, sim, pode ser tarde demais. O tempo que está a nosso dispor é o dia de hoje. Hoje é o primeiro dia do resto da vida.

Não diga que é impossível. Aposte na possibilidade de fazer de outra maneira. Ou fazer aquilo que ninguém ainda fez. O mundo é daqueles que acreditam nos seus sonhos.

Para meditar:
"Ele não sabia que era impossível;
foi lá e o fez"
(Jean Cocteau).

7 de outubro

"Tudo o que pedirdes ao Pai,
em meu nome, ele vos dará"
(Jo 15,16).

Oda Nobunaga, legendário herói japonês (1582), estava às vésperas de uma batalha difícil. A seus generais, que estavam hesitantes, informou: "Enquanto orava, recebi uma inspiração. Vou jogar uma moeda ao alto, se cair de cara, poderemos enfrentar e vencer o inimigo. Se cair coroa, não devemos ir à batalha, pois seremos derrotados". Jogou a moeda e saiu cara. Os soldados foram à luta, com incrível confiança, e venceram.

"É impossível mudar a vontade de Deus", disse-lhe um dos generais. Sorrindo, Nobunaga mostrou-lhe a moeda, que tinha cara nos dois lados. O que valeu foi a determinação. Eles assumiram a mentalidade de vitoriosos. E Deus? Só podemos pedir a ele depois de termos feito a nossa parte.

Para meditar:
"Qualquer pessoa pode atravessar
uma parede de concreto,
desde que abra uma porta"
(Roberto Shinyashiki).

8 de outubro

> "O Senhor escolheu outros setenta e dois
> e mandou-os à sua frente
> por todos os lugares onde ele devia ir"
> (Lc 10,1).

Os missionários – no sentido clássico do termo – escreveram páginas gloriosas, muitas marcadas pelo sangue derramado. Tratava-se de ir entre infiéis anunciar Jesus Cristo.

Hoje ainda existe esse tipo de missão, mas a dimensão missionária ampliou-se muito. Todo o mundo é terra de missão. Não precisamos mais ir ao exterior, pois nossa cidade, nossa rua, precisam ser evangelizadas. E cada geração deve ser reevangelizada algumas vezes.

O Papa Paulo VI lembrava os três passos para evangelizar: o testemunho, a palavra e a ação eficaz. O testemunho silencioso da vida, durante 24 horas, a palavra profética – oportuna ou inoportunamente – e a caridade organizada compõem a agenda missionária na atualidade.

Para meditar:
"Sem missão não há homem"
(José Ortega y Gasset).

9 de outubro

"O Filho do homem não veio para ser servido,
mas para servir e para dar sua vida em resgate de muitos"
(Mc 10,45).

Castigado pela vida, com os cabelos brancos, um velhinho estava plantando algumas mangueiras. Um passante observou: "Por que plantar mangueiras nesta idade? Você não vai comer de seus frutos". O idoso respondeu: "Já comi muitas frutas de árvores que não plantei. Outros plantaram para mim, agora é minha vez de plantar para que outros comam mangas depois que eu não estiver mais aqui".

Vivemos um tempo onde tudo se compra e vende. Não percebemos o milagre da gratuidade. Nada pagamos pelo ar, pelo sol, pela chuva... A comunidade humana é regida pela misteriosa lei do amor, que se torna serviço. Nós dependemos uns dos outros. Bendito aquele que semeia sem visar aos frutos.

Há mil maneiras de amar o próximo; uma só maneira de amar a Deus: amando o próximo.

Para meditar:
"Sonhei que a vida era alegria,
despertei e vi que a vida é serviço;
servi e vi que o serviço é alegria"
(Rabindranath Tagore).

10 de outubro

> "E o Verbo se fez carne
> e armou sua tenda entre nós"
> (Jo 1,14).

Em virtude de o suposto réu estar num lugar incerto e não sabido, um juiz do Estado de Nebraska mandou arquivar um processo contra Deus. Um senador – Ernie Chambers – entrou com uma ação contra Deus. Ele acusava Deus de ser responsável por milhões de mortes causadas por inundações e outros acidentes naturais.

Qual será mesmo o endereço de Deus? Para Francisco de Assis, encontrar este endereço era muito fácil. O universo inteiro é um templo onde são nítidos os sinais de sua presença. Para os bispos latino-americanos – Puebla (1979) –, o cristão percebe o rosto do Senhor, sobretudo, nos mais pobres: índios, crianças, doentes, idosos... É possível perceber Deus na sofrida história humana. Ele habita, de maneira especial, no coração de seus filhos e filhas.

> *Para meditar:*
> "Estou em Deus e Deus está em mim"
> (Irmã Miriam de Jesus Crucificado).

11 de outubro

"Quando o trigo cresceu, apareceu também o joio" (Mt 13,26).

Para estimular um casal de orangotangos – Rabu e Mônika – a cuidar melhor de seus filhotes, a administração do Zoológico de São Petersburgo resolveu usar vídeos que ensinavam a cuidar dos filhos. Rabu ficava horas e horas diante do aparelho e se irritava, quando ele era desligado. Além disso, deixou de dar atenção à Mônika. O diretor teve, então, de tomar uma decisão: ou cortava a TV ou não manteria unida a família de orangotangos.

Os inventores da televisão imaginavam que ela seria uma universidade dentro de cada casa e que, além disso, manteria a família unida. A TV veio para ficar. É um instrumento maravilhoso, mas que precisa ser utilizado de forma controlada. Pois pode se tornar uma janela ou um muro. Portanto, é preciso obedecer a normas e horários ao assistir à TV.

Para meditar:
"Os pequenos atos que se executam
são melhores que todos aqueles grandes
que se planejam"
(George Mashall).

12 de outubro

"Levavam crianças para que ele as abençoasse"
(Lc 18,15).

Crianças e mulheres no tempo de Jesus, de alguma maneira, eram cidadãs de segunda classe. Nem sequer eram contadas. Mas Jesus reabilita a mulher. Jamais teve uma palavra dura para qualquer uma delas. Com relação às crianças, declarou serem clientes privilegiadas do Reino dos Céus. O Reino é delas e dos que se parecem com elas. Ele as acolhe, abençoa e as protege contra os escândalos. E pede: "Deixai vir a mim as crianças".

Cabem à família a educação religiosa e a formação do caráter das crianças. Os pais devem ser guias e modelos a seus filhos, mostrando-lhes e percorrendo com eles o caminho que leva a Jesus.

Para meditar:
"O melhor investimento
que um país pode fazer
é nas suas crianças"
(Carol Bellamy).

13 de outubro

"Vim para que tenham vida
e vida em abundância"
(Jo 10,10).

As palavras são carregadas de sentido. Por vezes, elas se desgastam e, em outras, ganham importância. Um dos verbos mais usados hoje é cuidar. Não no sentido de fiscalizar, mas de proteger, à semelhança de uma ave que cuida dos seus filhotes. Somos convidados a cuidar de nossa vida, imprimindo qualidade total. Somos convidados a cuidar da mãe terra. Somos convidados a cuidar de nossos semelhantes. E lembramos que Deus cuida de cada um de nós.

A partir do verbo cuidar surgiu o termo "cuidadores". São pessoas capacitadas que tomam conta de doentes e/ou idosos. Pagas ou não, os cuidadores são uma versão moderna do bom samaritano. De alguma forma, são anjos. É uma forma nova e bonita de amor evangélico.

Para meditar:
"Faça o que puder,
com o que tiver, onde estiver"
(Theodore Roosevelt).

14 de outubro

"Quando orardes dizei:
'Pai, santificado seja o teu nome'"
(Lc 11,2).

Além da melhor das orações, o Pai-Nosso é resumo do Reino de Deus. Já as primeiras palavras dessa oração estabelecem o horizonte dentro do qual gira a nossa fé. Porque há um só pai, somos todos irmãos.

Nem sempre se faz um conceito correto sobre Deus. Nós o vemos como um juiz que nos ameaça com castigos, que um dia nos julgará. Jesus veio nos revelar não um Deus irado, mas um pai cheio de misericórdia e amor. Se Deus é pai, nós somos filhos e, com alegria e liberdade, procuramos fazer a sua vontade. Mas se Deus é juiz, nossa religião se torna uma religião de escravos.

Em vez de amor, cultivamos o medo. Em vez de amar a Deus, porque ele merece, nos preocupamos com seus possíveis castigos. Esquecemos que ele é amor.

Para meditar:
"Sempre saio da oração mais humano"
(Louis Pasteur).

15 de outubro

"Tendo olhos, vós não vedes,
tendo ouvidos, não ouvis"
(Mc 8,18).

A mentalidade moderna não vê com bons olhos a presença de Deus em nossa vida. Seria uma ingerência indébita. "Nós sabemos como ser felizes", raciocina esta corrente. E os mandamentos são vistos como proibições ou ordens que nos tiram a liberdade. Deus é Pai e quer que seus filhos e filhas sejam felizes. Os mandamentos indicam o caminho da felicidade. De algum modo, correspondem à nossa necessidade interna. Não foram inventados, mas assumidos a partir da natureza humana.

Se os Dez Mandamentos fossem observados, poderíamos dispensar as centenas de milhares de leis promulgadas pelo homem. Além disso, Jesus resumiu toda lei num único mandamento: amar a Deus e ao próximo.

Para meditar:
"Trago em mim o gérmen, o início,
a possibilidade para todas
as realizações do mundo"
(Thomas Jefferson).

16 de outubro

> "Portanto, eu lhes digo:
> peçam e lhes será dado"
> (Lc 11,9).

Jesus nos ensina como devemos rezar. Ele nos ensina o que pedir e como pedir. O Pai-Nosso contempla duas dimensões. Na primeira parte, falamos das coisas do Pai: o nome, o Reino e a vontade do Pai na terra e no céu. Já na segunda parte, falamos das coisas necessárias aos filhos: o pão de cada dia, o perdão das ofensas, a superação da tentação e do mal.

Porque somos pobres, temos o direito e o dever de pedir ao Pai. E nossos pedidos devem sempre caber no Pai-Nosso, ou seja, estar de acordo com a vontade do Pai. E a vontade dele é a de que seus filhos e filhas sejam felizes. Em todos os pedidos devemos ter presente: desde que seja da vontade do Pai. E não é justo pedir ao Pai algo que nós mesmos podemos fazer.

Para meditar:
"Somos inúteis,
mas não nos é permitido ser servos ociosos"
(Frederico Ozanam).

17 de outubro

"Jesus disse a Zaqueu:
'Hoje a salvação entrou nesta casa'"
(Lc 19,9).

Muitas vezes, diante de alguma fatalidade, nos consolamos dizendo que é o destino. E com isso pretendemos não assumir a responsabilidade de nossas decisões. Todos nós nascemos destinados ao Pai. Mas este destino não é compulsório. Para chegar até ele, existe um caminho a percorrer.

No mundo acontecem milhões de coisas, e por vezes alguns fatos negativos parecem estar interligados. "Deus quis assim", admitimos resignados. No entanto, Deus não quer nem o mal, nem a dor, nem a morte. Tudo isso entrou no mundo pelo pecado, que é desordem. Sempre podemos contar com Deus para superar estes males e dar-lhes significado. A morte do justo desmascarou o pecado, e a Ressurreição significa que o pecado não terá a última palavra.

Para meditar:
"O mais importante na vida não é a situação em que estamos, mas a direção para a qual nos movemos"
(Oliver W. Holmes).

18 de outubro

"Nossa cidade está nos céus,
de onde esperamos, ansiosamente,
como salvador, o Senhor Jesus"
(Fl 3,20).

Cedo ou tarde na vida, começamos a ter alguns pensamentos: "O que vim fazer aqui?". "E quando partir, terá ficado alguma coisa que assinale minha passagem?" "Sou único e irrepetível e, por isso, preciso deixar algo de mim para os que vierem." Não posso deixar no túmulo apenas um nome e uma data." "E para onde vou? Tanta vida não se pode perder." Aquilo que fizemos por amor irá durar para sempre. E a fé garante que o próprio Jesus – Caminho, Verdade e Vida – está preparando um lugar para nós. É a fé que revela nossa infinita grandeza.

Para meditar:
"Deposita seu fardo nas mãos
daquele que tudo pode carregar"
(Rabindranath Tagore).

19 de outubro

"Os céus e a terra desaparecerão,
mas minhas palavras não passarão"
(Mt 24,35).

A Bíblia continua sendo o livro mais lido em todo o mundo. O Livro Sagrado já foi traduzido em 2.500 idiomas. A cada ano, milhões de exemplares são impressos. A palavra *Bíblia*, em grego, significa "livros". É uma coleção de 73 livros inspirados por Deus, sendo 27 no Novo Testamento. Cerca de 40 autores humanos redigiram a Bíblia, inspirados por Deus.

Os primeiros livros datam do ano 2500 a.C. e o ciclo da inspiração termina no fim do primeiro século, com a morte do último apóstolo. A Bíblia foi escrita em três idiomas básicos: hebraico, aramaico e grego. Nela figuram 3.573 promessas, e a frase "Não temais", com algumas variantes, aparece 366 vezes. É composta de 773.693 palavras.

Para meditar:
"Sempre faz sentido escolher a paz e o amor.
O mundo precisa e nunca saem da moda"
(Michael Lang).

20 de outubro

"Não se preocupem com o dia de amanhã"
(Mt 6,34).

O medo pode ser nosso amigo, pois nos previne do perigo para que tomemos as medidas necessárias para combatê-lo ou evitá-lo. Mas também pode ser nosso inimigo, quando nos deixa paralisados. Muitas vezes sofremos com os chamados terrores noturnos, quando um problema se agiganta e nos tira o sono. Nesse caso, a melhor solução é dizer a si mesmo que existe uma solução e que no dia seguinte tudo se resolverá.

Ninguém é bom juiz em causa própria e, por isso, devemos partilhar nossos medos com os amigos. O medo pode ser comparado a um cachorro feroz. Quanto mais o temermos, mais ele se torna agressivo. Se corremos, ele corre mais. Se paramos, ele para também. É possível que, se o enfrentarmos, ele recue.

Seja qual for seu medo, Deus é maior que tudo. O nosso auxílio está no nome do Senhor.

Para meditar:
"Não tenha medo de ser fraco,
já que a fraqueza representa
a capacidade de amar"
(Padre Fábio de Mello).

21 de outubro

"Tudo posso naquele que me dá força"
(Fl 4,13).

Durante séculos os muçulmanos dominaram Espanha e Portugal. Na chamada Reconquista, os cristãos expulsaram os mouros. Neste período, um guerreiro espanhol deu a seu filho, muito medroso, um espelho dourado. Explicou que era mágico e que, com ele, venceria torneios e batalhas. A partir daí, venceu todos os jogos e guerras.

Passados alguns anos, imaginando não haver qualquer problema, o pai revelou-lhe que o espelho não era mágico, mas sim comum. A partir daí, a insegurança voltou e não venceu mais nenhuma batalha.

São Paulo deixou escrito: "Tudo posso naquele que me conforta". O cristão, nas batalhas da vida, pode contar com a força do Senhor. É ele quem revela nossa grandeza e nossas possibilidades.

Para meditar:
"Quem perde seus bens, perde muito;
quem perde amigos, perde muito mais;
aquele que perde a confiança, perde tudo"
(Miguel de Cervantes).

22 de outubro

"Jesus ensinava com autoridade, não como os doutores da lei" (Mt 7,29).

Morrera o velho cacique e o novo chefe era visto com alguma desconfiança, pois era jovem e estudara numa universidade. O outono terminava e os índios queriam saber se o inverno seria rigoroso. O jovem chefe garantiu que o frio, naturalmente, seria intenso, e os índios começaram a ajuntar lenha. Dias depois, voltaram a perguntar ao novo chefe sobre o inverno. Inseguro, ele pediu um tempo para responder. Em seguida, tomou seu celular e interrogou o serviço de meteorologia. O funcionário não estava e o substituto disse que faria muito frio. "Como pode saber?", perguntou o jovem cacique. "É que os índios estão ajuntando lenha como loucos, sinal de que fará muito frio!".

Será que é suficiente o fato de algo ser notícia no jornal, na TV? Nem todas as notícias são tão inocentes quanto parecem. Assim, precisamos pôr em uso nosso juízo crítico e averiguar a fonte de informação.

Para meditar:
"Diga sempre a verdade; nunca vale a pena mentir.
Um erro que necessite de uma mentira,
acaba por precisar de duas"
(George Herbert).

23 de outubro

"Felizes os que promovem a paz,
porque serão chamados filhos de Deus"
(Mt 5,9).

O termo paz pode ser usado em várias situações. Paz pode ser apenas uma trégua entre duas guerras. Pode ser calmaria que precede uma explosão. Existe também a paz dos cemitérios. As bem-aventuranças falam da paz como plenitude de todas as bênçãos do Senhor. É o *shalon* bíblico.

A paz não surge da conveniência, mas é fruto da justiça. A paz de verdade é aquela que toma conta do coração humano. São Francisco foi o homem da paz. Conseguiu pacificar cidades em conflito, amansou um lobo que aterrorizava os habitantes da cidade de Gubbio, despertou a boa vontade de um chefe muçulmano no Egito durante a Quinta Cruzada.

Assim como outros estados de espírito, a paz é contagiosa. Comece hoje, e comece em seu coração. Devagar, aos poucos, ela florirá. Bem-aventurados os construtores da paz!

Para meditar:
"O amor é a única força capaz
de transformar um inimigo em amigo"
(Martin Luther King).

24 de outubro

> "Não vos chamo de empregados,
> chamo-vos de amigos"
> (Jo 15,14).

Nem todo irmão é amigo, mas todo o amigo é um irmão. Assim a sabedoria popular define a amizade. E a história registra um exemplo clássico, de cerca de 360 anos antes de Cristo. Damon e Pítias, amigos inseparáveis, viviam em Siracusa. Condenado à morte pelo tirano Dionísio, Pítias pediu permissão para visitar a família e resolver algumas questões. Damon ofereceu-se para ficar em seu lugar. Dionísio aceitou. Caso seu amigo não voltasse, morreria em seu lugar. Na hora marcada, Pítias estava de volta. Impressionado, Dionísio perdoou Pítias e pediu o privilégio de ser aceito como amigo.

Todos nós queremos ter bons amigos. Precisamos ser bons amigos. E não nos podemos esquecer daquele que nos considera amigo.

Para meditar:
"Visite frequentemente seus amigos
para que o mato e os espinhos
não fechem o caminho"
(sabedoria popular).

25 de outubro

> "Era uma vez um homem chamado Jó,
> que vivia no país de Us"
> (Jó 1,1).

O sofrimento nos mostra nossas limitações. Nunca questionamos a felicidade, mas reagimos negativamente diante de qualquer tipo de sofrimento.

O exemplo bíblico de Jó é clássico. Homem rico e temente a Deus, ele vê sua vida desabar. Perde a família, os bens e seu corpo é tomado pela lepra. Seus três amigos, perplexos, não conseguem uma explicação satisfatória. O fato de depois recuperar tudo não soluciona a questão.

Sabemos que Deus não quer o sofrimento, que entrou no mundo pelo pecado. No entanto, por ser resultado da desordem, ele ataca desordenadamente.

Mas o sofrimento tem seu lado luminoso: ajuda-nos a rever nossa escala de valores. A dor, quase sempre, amadurece a pessoa e a aproxima de Deus.

Para meditar:
"O sofrimento é o melhor remédio
para acordar o espírito"
(Émile Zola).

26 de outubro

> "Eu creio, Senhor,
> mas ajuda a minha falta de fé!"
> (Mc 9,24).

Uma das questões mais complicadas com relação a nossa crença é a fé. Esse sentimento diário que nos faz acreditar em algo, sem provas. Acreditamos na informação de um desconhecido, acreditamos na bula do remédio, acreditamos em milhares de notícias que os meios de comunicação despejam sobre nós. É um ato de fé humana.

A virtude teologal da fé nos leva a crer em Deus, sem provas. É natural que esta adesão dê margem a dúvidas. Como no caso daquele pai do Evangelho que dizia acreditar, mas pedia que fosse ajudado em sua falta de fé. Santa Terezinha escreveu: "Da minha fé nada mais restava, a não ser a decisão de crer". Fé é também racional. Querer crer já é ter fé.

Para meditar:
"A fé nos traz riscos,
mas não crer traz riscos maiores"
(sabedoria popular).

27 de outubro

"Eu também não te condeno,
podes ir e não peques mais"
(Jo 8,11).

O pensamento comum admite que a ocasião perdida não tem mais volta. A vida está cheia de possibilidades, e a misericórdia de Deus é infinita. Ele sempre nos dá novas chances, mas o tempo é breve. Santo Agostinho alertava: "Tenho medo de que Jesus passe e não volte mais".

Diariamente acontecem centenas de pequenos fatos e cada um deles nos convida a escolher. São estas pequenas escolhas que acabam por formar a grande escolha de nossa vida. Há hábitos bons e maus: os primeiros nos ajudam a fazer o bem, os outros nos empurram para o mal. Assim, formamos nosso modo de agir. A sabedoria nos exorta a aproveitar cada momento e ocasião que a vida nos dá. Uma resposta positiva, hoje, torna nossa vida mais fácil amanhã. O dia de hoje não voltará mais, e não temos certeza se haverá o amanhã.

Para meditar:
"Quatro coisas não voltam atrás:
a flecha disparada, a palavra proferida,
a ocasião perdida e o tempo desperdiçado"
(sabedoria popular).

28 de outubro

"Não julgueis e não sereis julgados!"
(Mt 7,1).

Um santo monge sonhou que estava diante do céu e as portas se abriram deixando-o entrar. Mesmo encantado, deu-se conta de três coisas. A primeira delas: muitas pessoas que, no seu entender, não deviam estar no paraíso, lá estavam. A segunda: pessoas que ele imaginava que estariam no paraíso, lá estavam, mas com menos glória do que supusera. A terceira surpresa: ele também estava no céu.

Uma das recomendações de Jesus é: "Não julgueis!". Não julgar é um ato de sabedoria, porque pouco conhecemos sobre os outros. Formamos nossa opinião muitas vezes pela aparência e acabamos confundindo o trigo com o joio.

Fazer julgamento é um gesto de orgulho, pois dá a entender que só nós somos justos e sábios. Em vez disso, seria bom avaliarmos nossa vida e nossas atitudes com humildade.

Para meditar:
"Quem julga os outros
não tem tempo de amá-los"
(Madre Teresa de Calcutá).

29 de outubro

"Os últimos serão os primeiros
e os primeiros, os últimos"
(Mt 20,16).

Depois de um calor muito forte e temperatura abafada, a tempestade chegou no meio da tarde. Durou apenas meia hora e deixou estragos em toda a parte. Algumas árvores caíram, entre elas, uma figueira centenária. A seu lado um bambu, considerado frágil, continuava de pé. Não foi sorte nem azar. O bambu continuava de pé por algumas causas. Teve a humildade de perceber as forças contrárias e curvou-se. Suas raízes estavam fundas e cada vara apoiava-se nas demais.

Isso acontece também com as pessoas. A autossuficiência da figueira desabou, mas o bambu resistiu, com um projeto simples, solidário, com raízes fundas. A figueira só cresceu para cima, enquanto o bambu cresceu também para baixo. Assim, as raízes da convicção ajudam a vencer as crises.

Para meditar:
"Quem quer fazer alguma coisa encontra um meio.
Quem não quer fazer nada
encontra uma desculpa"
(sabedoria popular).

30 de outubro

> "Sejam carinhosos uns com os outros,
> rivalizando na mútua estima"
> (Rm 12,10).

Já na primeira manhã da humanidade houve um choque entre culpas e desculpas. Houve um erro, e ninguém quis assumi-lo. Adão culpou Eva, e Eva culpou a cobra. E esta herança acompanhou a humanidade.

Não somos anjos, mas homens e mulheres com qualidades e defeitos. Quando erramos, é mais fácil admitir e dizer: "Eu me enganei, eu errei", mas, em vez disso, procuramos encontrar culpados. O marido se irrita com a esposa, esta descarrega sua raiva nos filhos e os filhos batem a porta e chutam o cachorro. E com isso, criam-se tensão e mal-estar.

A humildade e o perdão andam de mãos dadas. Somente o perdão abre a possibilidade de recomeçar com mais harmonia. Aceitar o próprio erro torna a pessoa capaz de perdoar os erros dos outros.

Para meditar:
"Uma coisa é achar
que você está no caminho certo;
outra coisa é achar que seu caminho é o único"
(Paulo Coelho).

31 de outubro

"Eu dou a vocês um mandamento novo:
amem-se uns aos outros"
(Jo 13,34).

Uma lenda árabe fala de uma gruta cheia de tesouros, no sopé de uma montanha. Uma palavra mágica faria a gruta abrir-se ou fechar-se para sempre. No fim de uma tarde, uma caravana de beduínos acampou diante da gruta e, durante a conversa, foi proferida a palavra mágica e a gruta abriu-se, mostrando seus tesouros. Os beduínos fizeram sinal para outra caravana, comunicando o feliz acontecimento. Na natural confusão que se estabeleceu, alguém inadvertidamente pronunciou a palavra mágica e a gruta se fechou para sempre.

A frase mágica "eu amo você" pode abrir a porta do coração. Mas, quando esse sentimento não é bem cultivado, o coração pode se fechar para sempre.

Para meditar:
"O casamento é um edifício
que deve ser reconstruído todos os dias"
(André Maurois).

1º de novembro

"Vi uma grande multidão, que ninguém podia contar,
de todas as nações, tribos e língua"
(Ap 7,9).

Na liturgia de hoje estão contemplados os outros santos, aqueles que não figuram no calendário. A santidade é a vocação de todos os batizados. Paulo Apóstolo fala dos santos da Igreja de Deus, que estavam em Corinto. Como as demais, a Igreja que existia em Corinto era santa e pecadora.

Santos são aqueles que levam Deus a sério. São aqueles que se deixam iluminar pela santidade de Deus. Santidade não se confunde com milagre e coisas extraordinárias. Os santos também pecaram, e sua santidade está no fato de não concordarem com o pecado cometido.

A Igreja canoniza, isto é, aponta alguns nomes de santos. Mas o número de santos é bem maior. A santidade se realiza em meio às grandes tribulações. Seu sinal não é o milagre, mas o amor. A santidade convive com o dia a dia.

Para meditar:
"Todas as flores do futuro
estão nas sementes de hoje"
(sabedoria popular).

2 de novembro

"Felizes os mortos que morrem no Senhor!"
(Ap 14,13).

A recordação de todos os fiéis falecidos, num único dia, começou pelo ano 1000 no mosteiro de Cluny, França. É um dia em que deixamos de lado todas as seduções do mundo para pensar no amanhã. A morte é a maior das certezas, mas imaginamos sempre que está muito longe. Cada dia morremos um pouco. Enquanto o corpo se torna frágil, a dimensão espiritual está fadada a crescer.

A eternidade é uma casa que estamos construindo agora, para habitá-la depois. O tempo é um dom que Deus nos concede para nosso amadurecimento. Um dia a morte tornará definitivo nosso projeto de vida. A vida é o tempo de merecer. É o tempo de fazer nossas escolhas, harmonizar nosso projeto de vida e acolher a misericórdia de Deus.

Para meditar:
"A morte é bela,
quando a vida foi bela"
(Gabriel Marcel).

3 de novembro

"Quem vê o Filho e nele crê tem a vida eterna
e eu o ressuscitarei no último dia"
(Jo 6,40).

Junto à primeira sepultura da humanidade, deve ter surgido a indagação: O que há depois da morte? A morte é o grande confisco. Não perdemos apenas aquilo que temos, mas aquilo que somos. A fé ilumina o depois da morte. A Ressurreição de Jesus sinaliza nosso caminho. Pelo Batismo nos tornamos um povo de ressuscitados. Assim como morremos um pouco cada dia, vamos a cada dia ressuscitando. Paulo apóstolo fala das coisas do alto.

A morte, vista como maldição, para o discípulo é uma grande porta que se abre ao Pai. Nesse sentido, ela não é a última palavra. As missas pelos defuntos lembram que a vida continua. "É santo e salutar rezar pelos falecidos", diz a Bíblia, mas devemos recordar que o tempo de merecer é agora.

Para meditar:
"Não há nenhuma árvore
que o vento não tenha sacudido"
(provérbio hindu).

4 de novembro

"Combati o bom combate, guardei a fé;
resta-me agora a recompensa"
(2Tm 4,7).

A morte, muitas vezes vista como absurdo, é iluminada pela fé. Jesus Cristo, descendo ao coração da morte, nos trouxe a vida definitiva. Os primeiros cristãos suplicavam: "Maranata", isto é, "vem, Senhor Jesus!".

Envolvidos por uma civilização consumista e materialista, a morte é vista como uma ladra, ela rouba tudo o que temos e somos. São Francisco de Assis tinha outra visão: para ele a morte era apenas uma "irmã" que nos entregava aos braços do Pai. Assim como aprendemos a falar, a caminhar, a entender os segredos da vida, devemos aprender a envelhecer e a morrer. À semelhança da semente, aceitamos morrer para renascer para uma vida nova. Morrer deve ser o derradeiro "sim" que damos a Deus, que é nosso Pai.

Para meditar:
"Aquele que beija a alegria
enquanto ela voa
vive no amanhecer da eternidade"
(William Blake).

5 de novembro

> "O Reino de Deus é como um homem
> que espalha a semente na terra"
> (Mc 4,26).

A pressa é uma verdadeira doença. Estamos acostumados a um ritmo trepidante de vida. Temos pressa, mesmo quando nada temos a fazer. Os antigos lembravam que a pressa é inimiga da perfeição.

A vida nos ensina que, para terminar uma abóbora, a natureza demora semanas; para concluir um cedro, leva 80 anos. Quando viajamos em grande velocidade, não temos tempo de ver a paisagem. Então, a vida deve ser levada como uma viagem a passeio, com disposição de curtir cada momento. Mesmo porque, o dia de hoje não se repete. Corremos demais, mas é essencial saber para onde estamos indo, se o caminho seguido é o correto. E voltar atrás é mais inteligente do que perder-se pelo caminho. A velocidade com que andamos não é importante, o que interessa é estar no caminho certo.

Para meditar:
"Todos estamos matriculados na escola da vida,
onde o mestre é o tempo"
(Cora Coralina).

6 de novembro

"Quando contemplo o céu,
obra de tuas mãos, eu me pergunto:
O que é o homem para te lembrares dele?"
(Sl 8,4).

Um cientista viajava pelo deserto africano do Saara. Um guia árabe o acompanhava. No final do dia, mesmo cansado, o árabe ficava longo tempo orando. O cientista observou: "Você ora a Deus, mas tem certeza de que ele existe? Você nunca o viu!". Ele nada respondeu. No dia seguinte, durante a caminhada, o cientista disse: "Uma caravana passou por aqui". Foi a vez de o beduíno perguntar: "Como sabe, se não viu os camelos?". Respondeu ele: "Os sinais de sua passagem ainda podem ser vistos nas areias". "Da mesma maneira", explicou o árabe, "vejo os sinais de Deus no mundo, por isso sei que ele existe".

Para Francisco de Assis, o mundo inteiro era um esplêndido templo, onde se podem ver os sinais de Deus. "As criaturas", observava seu discípulo Boaventura, "são uma escada que leva a Deus."

Para meditar:
"Do meu telescópio,
vejo Deus caminhar no espaço"
(Isaac Newton).

7 de novembro

> "Vão pelo mundo inteiro e anunciem
> a Boa-Nova para toda a humanidade"
> (Mc 16,15).

Um dia as estrelas do céu pediram a Deus para visitar a terra. Naquela noite houve uma maravilhosa chuva de estrelas de todas as cores. Passado algum tempo, as estrelas voltaram para o céu, pois a terra não era um bom lugar para morar. Havia fome, guerras, ódio, poluição. As estrelas eram perfeitas e seu lugar era no céu.

Preocupadas, deram-se conta de que uma delas não havia regressado. Um anjo explicou: "Era a única estrela de cor verde. Por perceber a difícil situação da terra, resolveu ficar". Olhando lá do céu, viram que em cada coração brilhava o reflexo de uma pequena estrela verde, a estrela da esperança. Haja o que houver, aquela estrela continuará acompanhando o destino da humanidade e iluminando corações.

Para meditar:
"A esperança não é um sonho,
mas uma maneira de transformar
o sonho em realidade"
(Cardeal Suenens).

8 de novembro

"Eu não te peço só por eles, mas também por aqueles que vão acreditar em mim por causa da palavra deles" (Jo 17,20).

Ao ser comparado com os animais, nem sempre o homem leva a melhor. O leão é mais forte, a zebra é muito mais veloz, o gato enxerga no escuro, as aves voam. A comparação pode ficar pior ainda quando se consideram as atitudes: o leão só ataca quando tem fome, as fêmeas dos animais não abandonam seus filhotes, o macaco nunca se preocupou com a comida e nunca plantou uma bananeira. Já o homem mata por vingança, sem nem mesmo saber o nome do assassinado, rouba, odeia, polui a terra, o mar.

Há dois mil anos, Jesus, o enviado do Pai, nos deu um mandamento novo: "amai-vos uns aos outros como eu vos amei". Este pedido não foi levado a sério. A humanidade parece ser da opinião de que a lei do amor não vale a pena. Assim, ironicamente, quem não aceitou o amor vê-se obrigado a viver sob a lei do temor.

Para meditar:
"Somos semelhantes aos animais quando matamos;
somos semelhantes aos homens quando julgamos;
somos semelhantes a Deus quando perdoamos"
(sabedoria popular).

9 de novembro

"Aquele que quiser ser o primeiro
deverá ser o último,
aquele que serve a todos"
(Mc 9,34).

Sacerdote e poeta, Dom Aquino Correa, bispo de Cuiabá (1885-1956), compara a vida humana a uma partida de futebol. Dizia ele: "É um jogo entre as equipes do bem e do mal. E nosso coração é a bola chutada, por um ou outro rival". No futebol e na vida, é importante a equipe. Ninguém vence sozinho. É a equipe que vence. As funções são diferentes, mas o objetivo é o mesmo.

Mas há também diferenças entre o futebol e a vida. A principal delas é: na vida vence aquele que aceita perder. Aquele que serve, coloca o outro em primeiro lugar. No futebol, existe sempre uma pequena prorrogação, coisa que não acontece na vida. Porém, no jogo da vida, podemos mudar o placar a cada momento. No alto da cruz, o bom ladrão virou o jogo no minuto final.

Para meditar:
"Quando somos bons para os outros,
somos ainda melhores para nós mesmos"
(Benjamin Franklin).

10 de novembro

"Este povo me louva com a boca,
mas seu coração está longe de mim"
(Mc 7,6).

Alexandre tornou à Macedônia, pequena província grega e a maior potência militar da época. Com apenas 20 anos, chorava por não ter mais territórios a conquistar. Seus batalhões de elite provinham da nobreza. Numa oportunidade, passando em revista as tropas, o imperador encontrou um soldado que destoava pela sua negligência. Alexandre olhou para ele e quis saber: "Soldado, como é seu nome?". Envergonhado, ele respondeu: "Alexandre". Com olhar severo, o imperador pediu: "Troque de nome ou troque de vida".

Isso vale para muitos cristãos hoje, cristãos de recenseamento, cristãos apenas nominais. Ser cristão é assumir o projeto de Jesus, em comunidade, unindo fé e vida, unindo o modo de rezar e o modo de viver.

Para meditar:
"Se der as costas à luz, nada mais verá
a não ser sua própria sombra"
(sabedoria popular).

11 de novembro

"Quando chegou perto da figueira
encontrou apenas folhas"
(Mc 11,13).

Um dos episódios mais intrigantes do Evangelho refere-se à figueira sem frutos. Era uma árvore frondosa, cheia de folhas, mas sem qualquer fruto. Um detalhe surpreende: não era tempo de frutos. Produzir frutos no tempo certo é bom, mas o discípulo de verdade os produz também fora do tempo. É aquilo que escapa ao limite do dever. É aquilo que é feito além da obrigação, depois do tempo ou porque alguém deixou de fazer.

O Evangelho fala em caminhar a segunda milha. Depois da milha da obrigação, percorrer a milha da gratuidade. São os frutos mais saborosos, porque fora da estação. Não podemos aceitar o mínimo necessário, em nossa vida, mas devemos exigir de nós mesmos o máximo possível.

Para meditar:
"A verdadeira generosidade para com o futuro
consiste em dar tudo ao presente"
(Albert Camus).

12 de novembro

"Um rei preparou uma grande festa
e convidou a muitos"
(Lc 14,16).

Tudo na vida é contagioso: o entusiasmo, o desânimo, a crítica, a omissão. Todos nós interagimos e cada um é uma luz ou uma sombra. Alguns fazem parte do problema, outros da solução. A pessoa alegre e feliz contagia o lugar aonde chega, mas quem é triste e desanimado cria uma situação de mal-estar.

Há pessoas que trazem consigo a novidade da primavera, outras são portadoras da nuvem e do frio do inverno. Na vida comunitária, o desanimado é um peso morto que precisa ser carregado pelos demais. Na família, os pais precisam ser necessariamente anunciadores do bom tempo para que o lar seja aprazível. O Reino de Deus é festa. Um homem preparou um banquete e convidou a todos. Nem todos, no entanto, aceitaram o convite à alegria.

Para meditar:
"Uma só andorinha não faz verão,
mas, pelo menos, o anuncia"
(sabedoria popular).

13 de novembro

"Não deixe de disciplinar o jovem"
(Pr 23,13).

É clássica a fábula do grego Esopo, que viveu 500 anos antes de Cristo. A coruja procurou o gavião e pediu que respeitasse seus filhotes, os mais lindos do reino animal. O gavião achou interessante a parceria com a coruja. Dias depois, em prantos, a coruja foi protestar junto ao gavião, que havia devorado seus lindos filhotes. "Não pode ser", argumentou o gavião, "pois apenas devorei dois pequenos monstros, as criaturas mais feias que já vi".

Amar os filhos é dever dos pais. Mas isso não significa ignorar suas limitações e achar que eles sempre têm razão.

O amor exigente ajudará os pais a fixarem limites para os filhos. Educar não é apenas querer bem, mas querer o bem para eles.

Para meditar:
"Todas as paixões nos levam a cometer erros,
mas só o amor nos faz cometer
os mais ridículos"
(François Chateubriand).

14 de novembro

"Não tenham medo, apenas tenham fé!"
(Mc 5,37).

Daniel O'Connel (1775-1874) deixou uma lenda de bravura e tenacidade. Ficou conhecido como o libertador da Irlanda. Mas nem tudo foi fácil para ele. Numa oportunidade, derrotado e fugitivo, pensou em desistir. A atitude de uma formiga, no entanto, o fez mudar de posição. A pequena formiga tentava carregar uma folha dez vezes maior do que ela. Parecia uma loucura. Depois de muito esforço, arrastou a folha até a porta de sua casa. Novo problema: a folha não passava. Quando pareceu abandonar a empresa, voltou com outras formigas: cortaram a folha em pedaços e a introduziram no formigueiro.

Diante do fato, O'Connel voltou à luta, mudou de métodos, procurou fazer alianças e venceu. Viver é lutar. A luta supõe sonhos, estratégia e perseverança.

Para meditar:
"A coragem
é a primeira das virtudes humanas;
ela garante as demais"
(Winston Churchill).

15 de novembro

"Você não teria nenhuma autoridade sobre mim,
se ela não lhe fosse dada por Deus"
(Jo 19,11).

Muitas foram as formas de governo desenvolvidas ao longo da história da humanidade. Em todas elas aconteceram coisas boas e também desmandos. A melhor forma de governo, no entanto, é a que mais felicidade traz ao povo. O homem e a família são anteriores ao Estado. Diante das dificuldades de se administrarem tantas questões, os cidadãos se uniram e confiaram ao Estado a execução de algumas tarefas específicas. Renunciaram a um pouco de sua liberdade em troca de mais segurança.

Assim, o Estado deve desempenhar as tarefas que lhe foram confiadas. E só estas. E os partidos representam formas de administrar, mas, uma vez no poder, precisam legislar em nome de todos.

No Brasil a República nasceu em 15 de novembro de 1889. República vem de *res publica*, isto é, coisa pública, e não dos governantes e do seu grupo.

Para meditar:
"Ao leigo compete colocar em prática
as possibilidades cristãs existentes nas coisas do mundo"
(Paulo VI).

16 de novembro

"Embora eu caminhe no vale da morte,
nenhum mal temerei"
(Sl 23,4).

Uma professora pediu que seus 29 alunos escrevessem num papel todas as coisas que, para eles, fossem impossíveis. A frase inicial era: "Não consigo". Foram muitas as declarações do tipo: "Não consigo acordar cedo", "não consigo aprender matemática", "não consigo cuidar do meu quarto", "não consigo me lembrar de rezar", "não consigo comer um chocolate só"... Depois, a professora colocou tudo numa caixa de sapatos e foi com os alunos ao jardim. Daí, abriram uma cova e sepultaram as coisas impossíveis. Voltaram para aula e a professora escreveu no quadro, com letras grandes: "O Impossível morreu". E aconselhou às crianças: "Não falemos mais nele... ele morreu e foi enterrado".

Para meditar:
"Comece fazendo o necessário,
depois o que é possível e, de repente,
estará fazendo o impossível"
(São Francisco de Assis).

17 de novembro

"Eu estarei com vocês todos os dias,
até o fim dos tempos"
(Mt 28,20).

Na primeira de suas quatro viagens rumo ao desconhecido, Cristóvão Colombo teve de enfrentar o descontentamento dos marinheiros. Eles tinham certeza de que caminhavam para a morte. Numa noite de borrasca, o representante do grupo questionou Colombo: "Até quando seguiremos nesta teimosia e o que faremos quando tiverem morrido todas as esperanças?". O experiente genovês disse: "Ao raiar do dia, vocês dirão: 'Continuamos navegando, navegando, sempre navegando...'".

Alguns dias depois acontecia a descoberta da América. A história humana não é feita por sonhadores, mas por aqueles que acreditam nos sonhos e aceitam pagar o preço exigido.

Para meditar:
"A noite mais escura esconde a aurora
que fatalmente chegará"
(sabedoria popular).

18 de novembro

"Deixai-vos conduzir pelo Espírito
e não satisfareis os desejos da carne"
(Gl 5,16).

Os aviões carregam a chamada "caixa-preta". Em caso de acidente, a caixa-preta registra os últimos momentos. Nela ficam gravadas frases, ruídos que podem esclarecer as possíveis causas da queda. O ser humano carrega consigo uma caixa-preta chamada "consciência". Só que há uma diferença: antes do desastre, ela nos previne. É uma voz suave, mas impossível de sufocar, que aponta o certo e o errado. Mas não basta *ter consciência*, precisamos *ser conscientes*. E isso porque a consciência pode se acomodar. Vale a comparação: um sapato novo que nos incomoda ou um sapato antigo que se amoldou ao nosso pé.

Para garantir a eficiência da consciência, são necessárias a oração e a partilha com os irmãos. Ninguém é bom juiz em causa própria.

Para meditar:
"O lar é a oficina do caráter,
a melhor escola para educar os filhos"
(José Bellandi).

19 de novembro

> "De sua plenitude,
> todos nós recebemos um amor
> que corresponde ao seu amor"
> (Jo 1,16).

Uma das grandes alegrias da vida é dar e receber presentes. Dar presentes é algo divino. E escolher o presente certo é característica de quem ama. O presente vale muito mais que o seu valor comercial; ele é carregado de significado.

O melhor presente é aquele que chega inesperadamente, pois a gratuidade cria um momento mágico.

Há, no entanto, um presente nem sempre nitidamente percebido: quando uma pessoa se faz presente. E todos nós recebemos do Pai um presente de valor infinito: seu filho Jesus. Este presente precisa ser partilhado com os demais. Maria recebeu esse presente e o ofereceu ao mundo. Nossos presentes a Deus são pequenos, mas acolhidos com alegria. A disponibilidade, porém, representa o grande ofertório de nossa vida.

Para meditar:
"Cada dia chega trazendo seus presentes:
desamarre as fitas!"
(Ruth Ann Schabacker).

20 de novembro

"Não te digo perdoar sete vezes,
mas setenta vezes sete vezes"
(Mt 18,22).

Um índio comunicou ao cacique sua disposição de matar o rival que o havia ofendido. O cacique concordou, mas pediu: "Fume o cachimbo da paz e amanhã volte aqui". Na manhã seguinte, o índio comunicou que não mataria o inimigo, mas sim que lhe daria uma surra memorável. O cacique elogiou sua decisão, mas pediu que fumasse mais uma vez o cachimbo e que no dia seguinte conversassem. O sono é sempre um bom conselheiro e, assim, o índio mudou de novo o castigo: apenas exporia a injustiça sofrida. Mais uma vez funcionou o cachimbo da paz e, por fim, sua decisão foi a de procurar o agressor e lhe dar o abraço da paz.

Um prazer mais doce que a vingança é o prazer de perdoar. Um prazer maior e mais inteligente é fazer do inimigo um amigo.

Para meditar:
"Perdoar é paz, perdoar é fraternidade,
perdoar é saúde"
(Ramon Silva).

21 de novembro

> "O amor tudo sofre, tudo crê,
> tudo espera, tudo suporta"
> (1Cor 13,7).

Um dia o amor explodiu no coração de dois jovens. Diante do altar, juraram amor eterno. Mas os problemas apareceram. Depois de três dias de silêncio, a esposa, inutilmente, tentou reatar o diálogo. Antes de sair para o trabalho, o marido deixou um papel na cabeceira da cama com a frase: "Se ao menos você soubesse quanto a odeio!". A frase magoou a esposa. Secadas as lágrimas, ela colocou outro bilhete no mesmo local: "Se ao menos você soubesse quanto o amo!". Ao ler o bilhete, houve um momento de silêncio e, depois, um longo abraço e o compromisso de continuarem se amando.

Tudo que não se renova morre. O ódio não se cura com ódio, mas com amor. Amar é partilhar do mistério de Deus.

Para meditar:
> "Para os esposos cristãos,
> o compromisso é o de casar todos os dias"
> (Padre Eugène Charbonneau).

22 de novembro

"Não foram dez os que foram curados?
Só um deles voltou para agradecer"
(Lc 17,17).

A lepra era a doença mais terrível nos tempos de Cristo. Além de incurável, a doença determinava que a pessoa abandonasse a aldeia, vivendo em lugares desertos. Mais ainda: a lepra era considerada uma maldição dos céus. Solidários na doença, dez leprosos pediram a Jesus a cura. Uma vez alcançada, um só voltou para agradecer. E este era samaritano, isto é, alguém que não pertencia ao povo de Deus e não conhecia as Escrituras.

A simples existência de um Dia de Ação de Graças, celebrado na quarta quinta-feira do mês de novembro, mostra nossa negligência em relação a agradecer. Assemelhamo-nos a mendigos ingratos, que esquecem o benfeitor. Agradecer é colocar-se no caminho de novos dons. O Evangelho nos fala de agraciados que seguiam Jesus pelo caminho. Eles receberam uma segunda e maior graça.

Para meditar:
"Aprendi que deveríamos agradecer a Deus
por não nos dar tudo o que pedimos"
(William Shakespeare).

23 de novembro

"Vocês pagam o dízimo da hortelã
e deixam de lado a justiça e o amor de Deus"
(Lc 11,42).

A aldeia de Saint Thomas, no Colorado, orgulhava-se de uma gigantesca árvore, considerada protetora dos 720 habitantes. Os especialistas calculavam que ela tinha mais de 400 anos. As tempestades quebravam um ou outro galho, mas ela se mantinha de pé. Era invencível. Mas houve um fato novo. Pequenos insetos começaram a atacar a árvore. Ninguém notou, mas um dia os habitantes de Saint Thomas deram-se conta de que a árvore estava morrendo. E não havia possibilidade de salvá-la.

O valor e a importância de uma família, ou instituição, não se medem pelos grandes gestos. O dia a dia é decisivo. Um casamento pode acabar, não por conta de uma tempestade, mas por causa dos simbólicos insetos do egoísmo e da rotina, que podem ser mortais. A mesma lógica serve para o projeto pessoal.

Para meditar:
"Seja fiel nas pequenas coisas
porque é nelas que mora sua força"
(Madre Teresa de Calcutá).

24 de novembro

"Quando me sinto fraco, então sou forte"
(2Cor 12,10).

Um guerreiro, famoso e cruel, invadiu uma aldeia. Todos fugiram para não serem mortos. Um velhinho de 90 anos ignorou as ameaças e ficou em sua casa. Logo chegou o guerreiro e pediu-lhe que se preparasse para morrer. O idoso pediu um último favor e, como não era importante, foi aceito. Solicitou que o bandoleiro cortasse um galho de cerejeira. Desembainhando a espada, ele decepou o ramo. "Agora, por favor, coloque-o na árvore novamente", pediu. "Você está louco", gritou o guerreiro. "Louco é você", rebateu o bom velhinho, "que se julga forte porque é capaz de matar e destruir".

Quem só sabe matar não é forte, mas fraco. Matar não é um ato de coragem, mas de covardia. Coragem é lutar pela vida em todas as suas dimensões.

Para meditar:
"A violência não é força, mas fraqueza,
nem nunca poderá ser criadora de coisa alguma,
apenas destruidora"
(Benedetto Croce).

25 de novembro

> "No mesmo instante
> o cego começou a ver de novo
> e seguia Jesus pelo caminho"
> (Mc 10,52).

Numa ocasião, Mahatma Gandhi viu um grupo de pessoas discutindo em altas vozes. Perguntou, então, a elas por que discutiam em altos brados. Diante da hesitação, Gandhi sorriu e explicou, com voz suave, o motivo: "Por seus corações estarem afastados, eles precisam gritar". E concluiu: "O pior é quando os corações, que se afastaram muito, não mais descobrem o caminho da volta".

Os namorados, por seus corações estarem perto, falam em voz baixa, sussurram. Por vezes, o olhar já é suficiente. Nas famílias, quando começam os gritos, é porque os corações se afastaram. Para recomeçar um diálogo, os esposos precisam, antes, aproximar os corações. Caso contrário, acontecerá um diálogo de surdos: os dois falam e ninguém ouve; estão longe demais.

Para meditar:
"O exercício do silêncio é tão importante
quanto a prática da palavra"
(William James).

26 de novembro

"Há diversidade de dons, mas o Espírito é o mesmo, diversidade de ministérios, mas o Senhor é o mesmo" (1Cor 12,4).

Um grupo de turistas alugou um barco para a travessia de um lago. Eles mesmos conduziriam o barco. Logo surgiram as reclamações: o barco navegava devagar, pois nem todos remavam. Houve uma decisão: todos teriam que remar. Mais uma vez não deu certo, pois alguns remavam contra. Todos deveriam remar na mesma direção foi a ordem. Então, o barco quase virou, pois todos remavam do mesmo lado. Após madura reflexão, organizaram um plano, com funções diferentes, e um método para que todos remassem visando ao conjunto.

Nas famílias, nos diferentes grupos, este fato se repete. Cada um tem seu modo de fazer as coisas, mas um projeto comum e uma coordenação possibilitarão uma travessia harmoniosa.

Para meditar:
"Unir-se é um bom começo,
manter a união é um progresso
e trabalhar em conjunto é a vitória"
(Henry Ford).

27 de novembro

"Apanharam tamanha quantidade de peixes,
que as redes quase se rompiam"
(Lc 5,5).

Nunca é cedo ou tarde demais para posicionar-se com coragem. E não se trata apenas de projetos exteriores. Dentro de cada um de nós está sendo tecida uma história de medo ou coragem, conformismo ou superação, covardia ou heroísmo. E não faltarão vozes negativas a dizerem que não vale a pena.

"Tudo vale a pena", lembra Fernando Pessoa, "quando a alma não é pequena". Tudo vale a pena, tudo se torna viável quando não aceitamos os limites da rotina e do conformismo. A possibilidade de fracassar não deve sufocar o sonho. Nosso compromisso não é com o sucesso, mas com a luta. Ainda não empregamos todas as energias. A palavra final não foi dita, o sonho continua.

Para meditar:
"Não há erro maior do que não fazer nada
por só poder fazer um pouco"
(Edmund Burke).

28 de novembro

"Chegou a hora de despertar do sono,
pois a salvação está perto"
(Rm 13,11).

Durante milênios, o povo de Deus sonhou com aquele que deveria vir. E na plenitude dos tempos, Deus enviou seu filho ao mundo, não para julgar e condenar, mas para salvar.

Todos os anos, no Advento, a Igreja retoma esta caminhada de sonhos messiânicos. Esta vinda pode ser desdobrada em três tempos. Jesus veio pela primeira vez, nascendo em meio à noite nos arredores de Belém. Um dia ele voltará para julgar o mundo, no julgamento final. No meio dos dois acontecimentos, situa-se uma terceira vinda: "Ele vem a nós, de muitas maneiras, todos os dias".

No coração em prece, na comunidade que partilha o pão, nos acontecimentos da história, ele continua armando sua tenda no meio da humanidade. Na solene liturgia proclamamos: "Ele está no meio de nós".

Para meditar:
"Nunca houve uma noite ou um problema
que pudesse derrotar
o nascer do sol ou a esperança"
(Bern Williams).

29 de novembro

"Produzi frutos que provem vossa conversão"
(Mt 3,8).

Três figuras monumentais iluminam as quatro semanas do Advento. A primeira é a do profeta Isaías. Cerca de 600 anos antes da vinda de Jesus, o profeta mantém acesa a esperança do povo, profetizando o dia em que o lobo e o cordeiro habitarão juntos. João Batista, o maior dos profetas, é a segunda figura. Ele não apenas anuncia a vinda, como fizeram outros profetas, mas assinala que ele já está no meio de nós. Maria é a terceira figura. Com seu "sim", ela acolhe o projeto de Deus e, a partir disso, a redenção se coloca em marcha.

Isaías aponta a esperança, João Batista proclama a penitência e Maria acolhe, em seu seio, o Salvador. Enquanto isso, o povo de Deus caminha em direção ao futuro, na dialética do já e ainda não.

Para meditar:
"Cristo não é uma figura que passou.
Não é uma recordação que se perde
na história. Ele vive!"
(São Josemaria Escrivá).

30 de novembro

"Em nome de Cristo, nós vos suplicamos:
deixai-vos reconciliar com Deus"
(2Cor 5,20).

Na linguagem comum dizemos: "Vou pedir perdão a Deus". A iniciativa é sempre de Deus. Mais que pedir perdão, devemos acolher o perdão que ele sempre nos oferece. É o pastor que procura a ovelha perdida, é o pai que interroga o horizonte na esperança de ver o filho que volta.

Quando sentimos desejo de mudar de vida, já é sinal da atuação do Pai, que nos ama e jamais deixará de nos amar. Com relação ao amor acontece o mesmo. Não fomos nós que o amamos, mas ele nos amou primeiro. Por isso, o apóstolo proclama: "Deixai-vos reconciliar com Deus, deixai-vos amar por Deus". Ele não nos ama porque merecemos, mas porque precisamos. Deus faz tudo do jeito dele. E seu jeito é ser infinito. Ele nos ama e nos perdoa de maneira infinita.

Para meditar:
"Aquele que não perdoa destrói
a ponte por onde irá passar"
(Francis Bacon).

1º de dezembro

> "Tomem cuidado para que os corações
> de vocês não fiquem insensíveis"
> (Lc 21,34).

O presidente de uma empresa gritou com um dos diretores, pois os números do mês estavam baixos. O diretor, ao chegar a casa, reclamou porque a esposa estava gastando muito. A mulher gritou com a filha, pois as notas escolares estavam péssimas. Esta descarregou sua raiva no irmão menor, que ouvia música muito alto. O recurso foi chutar o cachorro, que saiu correndo e mordeu a vizinha. A reação em cadeia poderia continuar. Mas alguém colocou um ponto final: no meio da tarde, a esposa telefonou ao marido dizendo que estava com saudade e perguntou-lhe o que queria para o jantar...

Na vida há cadeias opostas. A primeira, a exemplo de uma onda, arrasta tudo em sua passagem; a segunda, parecida com um raio de sol, ilumina a todos. É uma das muitas formas de amar.

Para meditar:
"Perdoa quem possa ter errado;
não esqueça que você tem pés
que podem resvalar"
(Michelangelo Buonarroti).

2 de dezembro

"Sejam vigilantes, firmes na fé,
façam tudo com amor"
(1Cor 16,13).

O ambiente na empresa estava insuportável. Uns culpavam os outros por um erro cometido. Para serenar os ânimos, foi contratada uma psicóloga. Ela reuniu os funcionários num terreno baldio e, sem maiores comentários, pegou um pouco de açúcar e o misturou à areia. Pediu que aguardassem alguns minutos. Uma formiga descobriu o açúcar e avisou as demais. E todos viram como as formigas carregavam apenas o açúcar e deixavam a areia.

A vida se constitui de um tecido de relações. E são as relações sadias que qualificam um lar, um grupo, uma empresa. Todos nós possuímos qualidades e defeitos, assim como visto no exemplo do açúcar e da areia. A escolha inteligente depende de cada um, mas os resultados afetam todo o grupo. A abelha e a vespa sugam a mesma flor, mas com diferentes resultados.

Para meditar:
"A vida é muito curta
para ser gasta com amarguras"
(sabedoria popular).

3 de dezembro

"Se a obra subsistir, o operário receberá a recompensa"
(1Cor 3,12).

Uma senhora todos os dias tomava o mesmo ônibus para a cidade. Quase sempre encontrava os mesmos passageiros. Uns liam o jornal, outros ouviam música, dormiam.

Sentada no primeiro banco, essa senhora sempre levava um pacotinho e parecia jogar alguma coisa pela janela. Um dia alguém lhe perguntou o que estava fazendo. "Espere a primavera e verá", disse ela. E quando chegou a primavera, à beira daquela estrada começaram a surgir flores de todo o tipo, cores e perfumes. Os pássaros, borboletas e abelhas sugavam as flores, que perfumavam o caminho.

A boa senhora já havia morrido, mas deixou um sinal luminoso por onde passara.

Para meditar:
"Se você está à procura
de uma grande oportunidade,
parta de um grande desafio"
(Martinho Lutero).

4 de dezembro

"Bendito o Deus de Israel porque só ele realiza maravilhas" (Sl 72,18).

"Deus escreveu duas Bíblias", garante Santo Agostinho. A primeira Bíblia foi a Criação. Com o passar do tempo, os homens começaram a ter dificuldade em ler essa Bíblia. Foi necessária uma segunda Bíblia, as Sagradas Escrituras. Elas nos ensinam como viver e qual o caminho a seguir. É um livro que a humanidade ainda não acabou de ler e que se renova em cada leitor.

Mesmo com a Bíblia Sagrada nas mãos, devemos continuar lendo a Palavra de Deus na Criação. São Francisco e seu discípulo São Boaventura elaboraram a teologia das realidades terrenas. Para eles, o universo inteiro era um templo, onde era possível escutar a voz de Deus, e as criaturas formavam uma grande escada que levaria ao Criador.

Para meditar:
"O mundo é um belo livro,
mas de pouco adianta
para os que não sabem lê-lo"
(Carlo Goldoni).

5 de dezembro

"O homem bom tira coisas boas
do seu tesouro;
o homem mau tira coisas más do seu mau tesouro"
(Mt 12,35).

Quando Abraham Lincoln foi eleito presidente dos Estados Unidos, a classe alta do país ficou chocada. Um senador tornou-se porta-voz deste descontentamento e fez um comentário irônico: "Vamos ver se o filho de um sapateiro tem condições de dirigir nosso país". Lincoln respondeu: "Gostaria de ser tão bom como presidente quanto meu pai foi como sapateiro".

Na vida, o mais importante não é o que fazemos, mas como fazemos. Não está escrito em nenhum lugar que ser presidente é melhor do que ser sapateiro, que ser médico é melhor que ser professor ou balconista. O que vai ser decisivo é o modo como a pessoa exerce a profissão. A dimensão do serviço qualifica qualquer atividade. E nada do que é feito com amor é pequeno.

Para meditar:
"Se você agir sempre com dignidade,
poderá não mudar o mundo,
mas existirá um canalha a menos"
(John Kennedy).

6 de dezembro

"Carregai o peso uns dos outros
e assim cumprireis a lei de Cristo"
(Gl 6,2).

Ninguém tem a responsabilidade de mudar o mundo, mas todos nós podemos mudar alguma coisa. Só passaremos uma vez por este mundo, por isso, temos a obrigação de deixá-lo um pouco melhor. Não vale o argumento de que os outros não colaboram. É mais fácil mudar nossas atitudes que as dos outros.

"Uma só andorinha não faz verão", garante o provérbio. Mas ela anuncia que o verão está chegando. O comodismo e a omissão empobrecem a comunidade humana. Não devemos espelhar-nos em quem nada faz, mas podemos valorizar os que fazem alguma coisa. Cada um tem sua medida, e Deus aceita todas as medidas.

Para meditar:
"Quando se sentir sozinho,
olhe para a lua e para o sol:
veja que eles andam sozinhos
e nem por isso deixam de brilhar"
(Elaine Souza).

7 de dezembro

> "Ninguém acende uma lâmpada
> para colocá-la em lugar escondido"
> (Lc 11,33).

Na vida, alguns se limitam ao mínimo necessário, enquanto outros optam pelo máximo possível. Os primeiros não deixam sinais de sua passagem, já os outros entram na categoria de santos e heróis. Pelas estatísticas, a maioria das pessoas desenvolve apenas 10% do seu potencial e afunda na mediocridade.

É pobre a pessoa que realiza apenas 10% do seu potencial, vê apenas 10% da beleza do mundo, ouve apenas 10% das melodias do universo e sente apenas 10% da alegria de estar viva. Mas o pior de tudo será morrer tendo ativado apenas 10% do seu potencial de amor.

Não basta a pessoa estar viva, ela precisa vibrar com a vida e exigir o máximo de si mesma. Na parábola dos talentos, o único reprovado é aquele que enterrou sua riqueza.

> *Para meditar:*
> "É mais fácil cumprir um dever
> que buscar razões por não o ter feito"
> (Marquês de Maricá).

8 de dezembro

"Eu sou a serva do Senhor,
faça-se em mim segundo a tua palavra"
(Lc 1,38).

No meio do Advento, a Igreja coloca a festa da Imaculada Conceição. Ela foi quem melhor soube preparar o Natal. Mulher pequena e pobre, situou-se na encruzilhada do tempo. Filha de um povo que aprendera a buscar a Deus, interrogava as nuvens na expectativa de que ele, finalmente, se manifestasse.

Tudo nela era ordem e harmonia. E Deus veio visitá-la. Queria dela um "sim". Queria ter carne de homem, sonhos de homem, coração de homem. Queria caminhar pelos nossos caminhos. Queria inaugurar um novo tempo. E Maria respondeu com coragem. Seu "sim" foi o sinal verde entre o céu e a terra. Um "sim" incondicional a todo o projeto de Deus. Ela aceitou o mistério de Deus. E por isso aconteceu o Natal.

Para meditar:
"Nenhum lar é totalmente feliz,
se a mãe está ausente"
(sabedoria popular).

9 de dezembro

"A mãe de Jesus lhe disse:
'Eles não têm mais vinho'"
(Jo 2,3).

A biografia da mãe de Jesus é surpreendente. Uma mulher simples, do povo, dona de casa, que não teve a vida cercada de luzes. Ela viveu de maneira extraordinária o cotidiano daquela pobre família de Nazaré. Perseguida, teve de fugir com José e o menino para o Egito.

Lucas narra em detalhes a Anunciação e os primeiros anos da vida de Jesus. Silenciosa, ela só aparece nos momentos de conflito. Após os primeiros anos, defronta-se com a primeira crise familiar, com o menino perdido em Jerusalém. Nas Bodas de Caná, dá-se conta de outra crise: faltaria vinho, e com isto a festa estaria condenada.

Ela aparece de pé junto à cruz do seu filho. Por fim, está presente na vinda do Espírito Santo. Com isso, concluiu sua missão.

Para meditar:
"Não pense que o amor, para ser verdadeiro,
deve ser extraordinário"
(Madre Teresa de Calcutá).

10 de dezembro

"Nem todo aquele que diz Senhor, Senhor,
entrará no Reino"
(Mt 7,21).

Um turista ocidental viajou para a China e lá se apaixonou por uma jovem chinesa. O amor era correspondido, mas a língua era uma barreira intransponível. A decisão do jovem: estudaria chinês. Regressando a seu país, procurou um curso de chinês, estudou sua milenar história, sua cultura e suas maiores personalidades em todos os campos. Aos poucos, tornou-se especialista no assunto e começou a ser convidado para palestras. Depois escreveu um grosso volume sobre a China.

O objetivo maior de seus estudos foi esquecido e ele nunca mais viu a jovem por quem se encantara. Na vida não basta conhecer, é necessário amar. E no campo religioso, é necessário unir fé e vida.

Para meditar:
"O bem e o mal estão dentro de nós.
Existe a obrigação de alimentar o bem,
para que seja vencedor,
cada vez que tiver de enfrentar-se"
(Facundo Cabral).

11 de dezembro

"Quem de vocês pode crescer um centímetro
a custa de preocupar-se com isso?"
(Lc 12,25).

Cerca de 92% das meninas entre 15 e 17 anos gostariam de mudar alguma coisa em seu corpo. Este é o resultado de uma pesquisa efetuada pela Universidade de Harvard em dez diferentes países. Outra pesquisa revela que a maioria das mulheres que faz plásticas não fica satisfeita com os resultados obtidos. Os dois fatos resultam de uma cultura que só valoriza a beleza e a juventude.

No entanto, a realidade mostra que a juventude é passageira e que o tempo costuma deixar marcas. Uma pessoa não é constituída apenas pelo corpo, deve-se levar em conta também a afetividade, a simpatia, a capacidade de interagir. Há pessoas bonitas, mas antipáticas. Teresa de Calcutá, por exemplo, não era bonita, tinha o rosto enrugado, não cultivava a moda, mas seu semblante irradiava simpatia.

Para meditar:
"Quanto mais atrasada a tribo,
mais o cacique se enfeita"
(sabedoria popular).

12 de dezembro

"Eu vos proponho:
a vida e a morte, a bênção e a maldição.
Escolhe, pois, a vida"
(Dt 30,19).

Um provérbio berbere – povo do Norte da África – afirma: "Escolhe e vencerás. E se não há motivo para escolher, escolhe ou perderás". Nossa vida é feita de escolhas. Os outros até têm alguma influência em nossas escolhas, mas a decisão é nossa, assim como a vida é nossa.

O escritor Og Mandino, em seu livro *O maior milagre do mundo*, fala do poder das escolhas: "Dei-te o poder de pensar, de querer, de amar. O segredo de ser feliz reside nestas escolhas. Escolhe amar em vez de odiar, escolhe curar em vez de ferir, escolhe rir, em vez de chorar, escolhe dar em vez de roubar, escolhe crescer em vez de apodrecer". E Mandino conclui: "A pessoa que faz estas escolhas faz o maior milagre do mundo. É a autora do seu milagre".

Para meditar:
"Os outros são a oportunidade,
o mérito ou a culpa é de cada um"
(sabedoria popular).

13 de dezembro

"Pais, não deis aos filhos
motivos de revolta contra vocês"
(Ef 6,4).

A impressão que se tem é de que o tempo para ficar com a família está cada vez mais escasso. Porém, o dia continua tendo 24 horas. O trabalho, os amigos, a TV roubam muito do nosso tempo. Mas distribuir melhor o tempo é também uma questão de escolha.

O saudoso Padre Eugène Charboneau escreveu uma meditação para os pais: "Só uma vez seu filho terá três anos e estará louco para sentar no seu colo. Só uma vez terá cinco anos e quererá brincar com você. Só uma vez ele terá dez anos e desejará estar com você no seu trabalho. Só uma vez será adolescente e verá em você um amigo para conversar. Só uma vez estará na universidade e quererá trocar ideias com você. Se perder estas oportunidades, perderá para sempre o seu filho; ele não terá pai".

Para meditar:
"O amor é um jogo
em que ambos os jogadores
podem ganhar"
(Eva Gabor).

14 de dezembro

O que é o homem para dele tu te lembrares?
O que é o ser humano para que o visites?
(Sl 8,5).

Nenhuma das grandes invenções da ciência e da técnica consegue superar o mecanismo de funcionamento do corpo humano. Nossos olhos suplantam qualquer maravilha vista na TV. Nosso olfato pode distinguir diferentes perfumes e nossa memória é um arquivo implacável, embora possa falhar de vez em quando. O corpo humano é irrigado por 95 mil quilômetros de vasos sanguíneos, onde são produzidos 15 milhões de glóbulos. Uma particularidade: para franzir a testa, utilizamos 43 músculos e, para sorrir, apenas 17. Então, pela lógica, é mais fácil sorrir que franzir a testa.

Uma pessoa pessimista pode contaminar um ambiente, enquanto alguém que é alegre – que sorri – o torna mais agradável. Ser alegre não significa que não se tem problemas, mas que aposta nas soluções.

Para meditar:
"Pouca coisa é necessária
para transformar uma vida:
amor no coração e sorriso nos lábios"
(Martin Luther King).

15 de dezembro

"Vos sois a luz do mundo,
vos sois o sal da terra"
(Mt 5,13).

Um velho guru quis saber de seus discípulos: "Como podemos saber quando termina a noite e começa o dia?". Houve muitas respostas, mas nenhuma delas foi aceita pelo velho mestre. E ele explicou: "É possível saber quando a noite termina e começa o dia, quando pudermos ver no rosto de cada homem, no rosto de cada mulher, um irmão, uma irmã".

Pelo que se vê acontecer em todo o mundo, a noite deverá prolongar-se. Pois vemos o ser humano como concorrente, como inimigo, como oportunista, como um desconhecido. Mas, se Deus é nosso Pai, somos todos irmãos. Assim, cada um de nós pode trazer consigo um facho de luz e ter a certeza de que a noite não é eterna e que o dia logo despontará. Vale a pena lutar para que isso aconteça.

Para meditar:
"Diga o que você pensa com esperança;
pense no que faz com fé;
faça o que faz com amor"
(Ana Carolina).

16 de dezembro

"E assim João Batista anunciava
ao povo a Boa-Nova"
(Lc 3,18).

Rafaela, de nove anos, anunciou aos pais: "Lá na minha escola já é Natal". Balões, estrelas e um pequeno presépio criavam essa bela atmosfera. Esperar a festa já é festa. O Natal se aproxima. A festa precisa ser preparada. Não são suficientes alguns arranjos. Nosso coração deve representar uma gruta, pobre, humilde, mas acolhedora. Não se pode repetir o acontecido em Belém, onde não havia lugar para o recém-nascido Jesus. Essa comemoração tem que acontecer na vida de cada um, na família. Onde houver amor, partilha, capacidade de perdoar e de pedir perdão, ali já é Natal. Os presentes, dados e recebidos, são sinais da festa. Mas não podemos esquecer o aniversariante. O anúncio dos anjos ainda continua sendo válido: "Paz na terra aos homens que ele ama".

Para meditar:
"Melhor que todos os presentes
debaixo da árvore de Natal
é a felicidade partilhada em família"
(sabedoria popular).

17 de dezembro

"No mesmo instante o cego começou a ver
e seguia Jesus pelo caminho"
(Lc 18,43).

As dificuldades parecem grandes demais e você pensa em desistir? Thomas Edison teve de fazer duas mil experiências até desenvolver a lâmpada. O grande cientista Albert Einstein só aprendeu a falar aos quatro anos e ler aos sete anos. O general Douglas MacArtur, grande herói do Exército Norte-Americano, foi recusado por duas vezes na Academia de West Point. Ludwig Van Beethoven ficou completamente surdo aos 46 anos e depois disso compôs algumas de suas melhores sinfonias.

Hoje não nos lembramos de seus fracassos, mas só de suas conquistas. O erro e o insucesso devem ser vistos como aprendizado.

É possível que alguns tenham desistido às vésperas da vitória. Esses não têm seus nomes reconhecidos. Tentar, mesmo sem conseguir, é muito melhor que simplesmente desistir.

Para meditar:
"O maior fracasso está em desistir.
O caminho mais certo para vencer
é tentar mais uma vez"
(Thomas Edison).

18 de dezembro

> "Ouvistes o que foi dito aos antigos?
> Eu porém vos digo"
> (Mt 5,21-22).

Certa mentalidade moderna acredita que Deus é rival do homem, que ele desejaria estragar a felicidade humana. Por ser Pai, Deus quer a felicidade plena de seus filhos e filhas e, por isso, indica o caminho. Assim devem ser entendidos os Dez Mandamentos.

Muitas vezes o homem quer ser feliz do seu jeito, e se engana. Santo Agostinho fala das coisas belas ao avesso.

Esta afirmação antiga: "A ciência é irmã da fé", está agora sendo defendida pelo mundo científico. Nos Estados Unidos, cresce o número de faculdades de medicina que introduziram a espiritualidade como disciplina em seus cursos.

Não deixa de ser irônico que a ciência admita a sabedoria divina. Deus, que nos criou, deu-nos também a inteligência.

Para meditar:
"O pecado promete,
mas não entrega a felicidade"
(sabedoria popular).

19 de dezembro

"Então Maria Madalena anunciou aos discípulos:
'Eu vi o Senhor!'"
(Jo 20,18).

Muitas vezes, só percebemos o valor das coisas quando as perdemos. Isso inclui a saúde, as pessoas amadas e, sobretudo, a fé e a paz interior. Quando acontece algo assim, surge o vazio existencial: a falta de um ideal, de uma razão para viver.

Ninguém pode abrir mão da esperança e dos sonhos. Quem pensa ter realizado todos os seus projetos torna-se uma pessoa infeliz. E, muitas vezes, este é o momento de Deus. "Precisei torna-me infeliz para lembrar-me de Deus", admitiu um jovem. O Filho pródigo teve saudades do pai, quando se deu conta de estar no país da solidão.

A alma humana é demasiadamente grande para se satisfazer apenas com coisas materiais. Só Deus revela nossa grandeza e sacia nosso desejo de felicidade.

Para meditar:
"As coisas mais importantes da vida
não são coisas"
(Anthony D'Angelo).

20 de dezembro

"Avance para águas mais profundas
e lancem as redes!"
(Lc 5,4).

Era um destes estabelecimentos comerciais do interior, onde não havia artigos de luxo, mas apenas o necessário para a comunidade. Às vésperas do Natal, três homens foram pedir ajuda a suas famílias. O comerciante acolheu o pedido, oferecendo-lhes três possibilidades. Eles escolheriam... Um deles escolheu um cesto cheio de pão, e o segundo optou por um saco de farinha. O terceiro escolheu, aparentemente, a opção mais difícil: levou o saco com as sementes. A tentação é o paliativo: dar ao pobre um pão, ou um peixe. No entanto, a solução verdadeira consiste em ensiná-lo a pescar. Melhor que oferecer ao pobre o pão, é dar a oportunidade de ele mesmo conseguir ganhá-lo.

Para meditar:
"Se quer saciar a fome
de uma pessoa por um dia, dê-lhe um pão;
se quer saciar a fome
de muitos por um ano, plante uma seara;
mas, se quer saciar a fome
de um povo para sempre, dê-lhe educação"
(sabedoria popular).

21 de dezembro

"Tudo o que vocês desejam que os outros
façam a vocês, façam vocês também a eles"
(Mt 7,12).

"O freguês tem sempre razão" é um provérbio popular que nem sempre é seguido. Foi feito um estudo que revela por que se perdem clientes: 1% por falecimento, 4% por mudança de endereço, 5% por razões desconhecidas, 10% por causa do preço e 80% por mau atendimento. Isso não vale apenas para estabelecimentos comerciais, mas para todo tipo de serviço.

Além de competência, é preciso usar de simpatia. Uma mãe não consegue transmitir lições de amor com métodos ríspidos, nem um padre pode pregar a Boa-Nova com amargura.

Ainda que nossa sociedade privilegie o prazeroso, o agradável, é possível dizer não de uma forma mais simpática, com amor.

Para meditar:
"Onde há amor, nunca se faz noite"
(sabedoria popular).

22 de dezembro

"Quantas vezes devo perdoar,
se meu irmão pecar contra mim?"
(Mt 18,21).

No filme *A missão*, um jovem jesuíta – Robert De Niro – sobe as cataratas do rio Iguaçu em direção a uma aldeia Guarani. Ele matara um irmão e não se perdoava por isso. A subida é extremamente acidentada e qualquer descuido o faria rolar para um abismo. Ele arrastava, rochedo acima, um pesado fardo. Até que um dia os índios cortam as amarras e o pesado fardo rolou nas cachoeiras. A viagem prosseguiu, então, sem dificuldades.

Jesus veio ao mundo para nos perdoar e nos reconciliar com o Pai. Mas, incrivelmente, nós temos dificuldades em fazer isso. Nosso pecado, por maior que seja, é humano. Deus tudo faz do seu jeito, e o seu jeito é ser infinito. Também infinito é o perdão. A nós cabe acolher o perdão e ter a humildade de nos perdoar.

Para meditar:
"A mais divina das vitórias é o perdão"
(Friedrich Schiller).

23 de dezembro

"Insensato, nesta mesma noite morrerás"
(Lc 12,20).

Quanto dinheiro é preciso para viver confortavelmente o resto da vida? As respostas a essa pergunta, feita via internet, podem ser reunidas em quatro grupos, que apontaram estas cifras: 500 mil dólares, 1 milhão de dólares, 50 milhões de dólares e 100 milhões de dólares. No entanto, as pessoas que deram as respostas não se preocuparam em saber quantos anos iriam viver.

O Evangelho conta a história de um homem rico que fez uma grande colheita e precisou de mais celeiros. Com isso, ele teria o suficiente para o resto da vida. Mas sua vida durou poucas horas, pois morreu naquela noite. O dinheiro promete, mas não traz felicidade. Mais ainda: torna-se senhor daqueles que imaginam possuí-lo. O Pai-Nosso nos ensina a pedir a Deus apenas o pão de cada dia.

Para meditar:
"O absurdo da avareza está no fato
de o avarento viver pobre para morrer rico"
(Vittorio Buttafava).

24 de dezembro

> "Eu estava com fome, com sede,
> doente, preso e vocês me acolheram"
> (Mt 25,35).

Personagem central da história humana, Jesus dividiu a própria história ao meio: antes e depois dele. Mateus afirma que Jesus nasceu em Belém, no tempo do rei Herodes. E o fato de os pastores cuidarem dos rebanhos no campo indica que era verão. Mesmo assim, restam incertezas sobre a data e o local onde terá nascido.

A data de 25 de dezembro nada tem de histórica. Para Maria Madalena, Jesus nasceu no dia em que lhe voltou seu olhar luminoso de pureza e falou de uma vida nova. Para o apóstolo Pedro, nasceu na noite dolorosa da traição, quando olhou para ele. Para Teresa de Calcutá, nas imundas ruas indianas, quando viu crianças, doentes e velhos abandonados.

Cada um deve se lembrar de uma data especial em que Jesus tenha nascido para si.

Para meditar:
"Se as pessoas são pesadas demais
para carregá-las nos ombros,
leve-as no coração"
(Dom Helder Camara).

25 de dezembro

"E Deus se fez história
e armou sua tenda entre nós"
(Jo 1,14).

Não se trata de um aniversário comum, pois ele atravessou dois milênios e, incrivelmente, continua vivo. No mundo inteiro, a referência a seu nome supera amplamente qualquer outro concorrente.

Tendo sido morto por seus inimigos, Jesus continua vivo, pois ressuscitou. Ele encontra-se no presente. Caminha conosco. Mais ainda: caminha à nossa frente. Está no futuro para onde caminhamos.

Interrogado pela mídia internacional sobre o que gostaria de declarar no seu aniversário, Jesus Cristo esclareceu: "Ouvistes o que foi dito pelos antigos? Eu, porém, vos digo: amai-vos uns aos outros como eu vos amei...". Em longa entrevista encontrada nas Sagradas Escrituras, acentuou: "Quero que tenham vida em abundância".

Para meditar:
"Eu sou o Caminho, a Verdade e a Vida"
(Jesus Cristo).

26 de dezembro

"O menino crescia e ficava forte,
cheio de sabedoria"
(Lc 2,40).

O poeta Tagore narra o encontro do mendigo com o rei. Com um saco na mão, com um punhado de grãos de trigo, o mendigo seguiu num empoeirado caminho da Índia. Sua colheita fora insignificante. De repente, no horizonte despontou uma carruagem, puxada por cavalos garbosos, conduzindo o rei. "Este é o meu dia", pensou o mendigo. A carruagem parou, o rei desceu, dirigiu-se a ele e, estendendo a mão, perguntou: "O que tens para mim?". Confuso, o mendigo pegou alguns grãos e colocou na mão do rei, que agradeceu e partiu. À noite, antes de deitar, conferiu as magras esmolas recebidas e, com espanto, viu alguns grãos de ouro. Eram os grãos de sua generosidade, e o mendigo, então, lamentou-se: "Por que não tive coragem de dar tudo?".

Para meditar:
"Somos livres em escolher
as sementes que plantamos;
os frutos são obrigatórios"
(sabedoria popular).

27 de dezembro

"Enquanto caminhava Jesus viu Levi, filho de Alfeu,
sentado na banca dos impostos
e disse a ele: 'Siga-me'"
(Mc 2,14).

Um casal de namorados planejou uma viagem, mas, no dia da saída, enganou-se com o horário e perdeu a viagem. Uma jovem estudou meses para o vestibular de Medicina, mas, no dia da prova, atrasou-se e não pode fazer o exame. Como presente pelas Bodas de Ouro, um casal ganhou dos filhos uma viagem, em voo especial, para Porto Seguro. Quando chegou ao aeroporto, o avião já tinha saído.

Os romanos adoravam uma divindade protetora do tempo, que se chamava Occasio, isto é, ocasião certa. Nem antes, nem depois. Numa orquestra cada músico tem o momento certo para entrar. No futebol há o momento certo para fazer o gol. Na vida, na educação, nos projetos, há o momento certo. E não sabemos se a ocasião oportuna voltará.

Para meditar:
"Se você não for melhor que hoje
no dia de amanhã,
então para que precisa do amanhã?"
(Nahman Bratslav).

28 de dezembro

> "Herodes ficou muito irritado
> e mandou matar os meninos
> de dois anos para baixo"
> (Mt 2,18).

Três dias depois do Natal, a Igreja celebra a festa dos Santos Inocentes. São os meninos mortos, por ordem de Herodes, que via em cada um deles uma ameaça a seu poder. O que surpreende é que os colegas desses pequenos mártires, trinta anos depois, iriam crucificar Jesus. Neles a Igreja vê o martírio de tantos inocentes, de todos os lugares e idades, ontem e hoje.

A santidade dos inocentes de Belém mostra como tudo é gratuidade por parte de Deus. É ele quem nos santifica. É ele quem dá a força para tantos testemunharem a fé com seu sangue. É ele quem dá a força para a fidelidade cotidiana.

Enquanto muitos têm medo de não encontrar a Deus, Herodes temia justamente encontrá-lo.

Para meditar:
"O sangue dos mártires
é semente de novos cristãos"
(Quintus Tertuliano).

29 de dezembro

"Algumas pessoas levavam um cego
e pediram a Jesus que tocasse nele"
(Mc 8,22).

Certo homem não conseguia encontrar felicidade em lugar nenhum. Então, decidiu sair pelo mundo à procura da tal felicidade. Visitou países, centenas de cidades, ilhas, florestas. E não a encontrou.

Um dia, percebeu que estava envelhecendo sem encontrar a felicidade. Desiludido, com cabelos brancos, viu uma casa abandonada. "Quem sabe", pensou ele, "naquele lugar sem dono, encontrarei a felicidade". As portas da casa se abriram sem dificuldade e, quando entrou, ficou perplexo. Aquela era a casa que havia abandonado anos antes, à procura da felicidade.

No anoitecer da vida, ele entendeu que sua busca fora inútil. Procurara longe o que estava tão perto. Pois a felicidade estava dentro de sua própria casa. Estava dentro dele.

Para meditar:
"Felicidade é a certeza de não ter
passado pela vida de forma inútil"
(Érico Veríssimo).

30 de dezembro

"Enquanto temos tempo
façamos o bem a todos"
(Gl 6,10).

Santo Agostinho, um dos maiores gênios da humanidade, falava a respeito do tempo. Todos nós sabemos o que é, mas – quando interrogados – não conseguimos explicar. E por essa razão, tentamos dividir o tempo em presente, passado e futuro. Mais ainda, estabelecemos a sua duração em horas, dias, anos.

O tempo é o espaço do amor de Deus. O tempo é um presente de Deus para que encontremos a felicidade e amadureçamos. Imaginamos ter muito tempo pela frente. Talvez tenhamos, mas não com toda a certeza. Vivendo a fidelidade de cada dia, preparamo-nos para o Dia do Senhor. O passado é definitivo, e o futuro, se existir, será a continuação do presente. Na realidade, só temos mesmo o dia de hoje.

Para meditar:
"Perdemos tanto tempo
desejando coisas impossíveis
que esquecemos que temos
o suficiente para ser feliz"
(Max Wylesson).

31 de dezembro

> "Seja feita a tua vontade,
> assim na terra como no céu"
> (Mt 6,10).

Todos os dias são iguais, mas há algumas datas emblemáticas que nos fazem pensar e repensar a vida. É o Ano-Novo que chega. Carlos Drummond de Andrade escreveu: "Para ganhar um Ano-Novo, que mereça este nome, você, meu caro, tem de merecê-lo, tem de fazê-lo novo. Sei que não é fácil, mas tente, experimente, consciente. É dentro de você que o Ano-Novo cochila e espera desde sempre".

Terminar e iniciar um ano é mais uma graça. É a oportunidade de recomeçar e, quem sabe, de dar vida a projetos antigos. Onde teremos deixado nossos sonhos?

O Ano-Novo não se faz por decreto. Ele precisa surgir primeiro em nosso coração.

> *Para meditar:*
> "Jamais haverá ano novo,
> se continuarmos a copiar
> os erros dos anos velhos"
> (sabedoria popular).

*No tempo se constrói
a Eternidade*

Rua Dona Inácia Uchoa, 62
04110-020 – São Paulo – SP (Brasil)
Tel.: (11) 2125-3500
http://www.paulinas.com.br – editora@paulinas.com.br
Telemarketing e SAC: 0800-7010081